SOMMAIRE

PRÉAMBULE

Mercredi 15 novembre 2017, à Londres, l'instance internationale World Rugby désigne la France comme pays hôte de la Coupe du monde de rugby 2023. Un immense bonheur pour la délégation française, qui se réjouit d'une décision profitable pour l'ensemble du monde du rugby. Le dossier français (24 voix) devance celui de l'Afrique du Sud (15 voix). Après 2007, les gazons hexagonaux vont retrouver les crampons du monde entier.

Lorsque Fabien Galthié – qui a disputé quatre Coupes du monde (1991, 1995, 1999, 2003) lorsqu'il était joueur – et Raphaël Ibañez – trois Coupes du monde (1999, 2003, 2007) au compteur en tant que joueur – prennent les rênes du XV de France, en novembre 2019, ils annoncent la couleur et leur carnet de route : « Nous sommes en mission 2023 », assume le nouveau sélectionneur.
L'ancien entraîneur du Stade Français, de Montpellier ou de Toulon s'appuie sur Laurent Labit (arrières) et Thibault Giroud (directeur de la performance), déjà présents au Japon, rejoints par William Servat (avants), Karim Ghezal (touche) ou l'Anglais Shaun Edwards (défense). Un staff focalisé sur cette échéance et qui va pouvoir compter sur une génération double championne du monde des moins de 20 ans (2018 et 2019).

Patiemment, et grâce à une mobilisation de l'ensemble des acteurs du rugby tricolore (Fédération, Ligue, clubs), ils vont pouvoir travailler sereinement à la constitution d'un groupe en vue de l'échéance septembre 2023. Quatre années intenses faites de bas puis de hauts, de très hauts, même, avec notamment un Grand Chelem décroché lors du Tournoi des Six Nations 2022, ou des victoires impressionnantes de maîtrise et de talent face à la Nouvelle-Zélande, l'Afrique du Sud, l'Australie, et celle, retentissante (10-53), à Twickenham, lors du Tournoi 2023.
Cette jeune génération porteuse d'espoirs a bel et bien franchi un cap, et c'est en pleine maturité qu'elle va aborder cette Coupe du monde, chez elle, avec cet objectif commun, cette quasi-obsession : décrocher la première Coupe du monde du rugby français et brandir le trophée le samedi 28 octobre 2023 au Stade de France.

PETITE HISTOIRE DU XV DE FRANCE À LA COUPE DU MONDE

FRANCE RUGBY

En matière de rugby, le monde se divise en deux. Un hémisphère Sud peuplé de surhommes, joueurs comme pas deux et toujours partants pour vous mettre une rouste. Et la face Nord, l'historique, qui légifère, organise et gagne aussi, parfois. Deux galaxies qui se respectent, même si elles ne perdent jamais l'occasion de se mesurer les biceps et de se regarder le nombril.
Alors, quand le Sud propose, à la fin des années quatre-vingt, de créer une Coupe du monde calquée sur celle du foot, le Nord fait les gros yeux et jure que ça ne marchera jamais. Mais Australiens et Néo-Zélandais n'en ont cure et décident d'aller au bout de leur idée. Résultat : du 22 mai au 20 juin 1987, les deux pays accueillent la première édition du Mondial de l'ovalie, rassemblant seize équipes dans – il faut bien le dire – une grande indifférence. Le rugby se dit alors encore amateur, l'essai vaut quatre points et les télévisions regardent un peu de haut ce sport sympathique et régional.

1987 LE PREMIER EXPLOIT

Cette première ressemble donc plus à une tournée générale du Nord vers le Sud, le tout dans des stades clairsemés. Les Bleus de Jacques Fourroux et du capitaine Daniel Dubroca, vainqueurs quelques semaines plus tôt du Grand Chelem – le quatrième de leur histoire –, débutent par un nul face à l'Écosse (20-20) avant de dominer la Roumanie (55-12) et le Zimbabwe (70-12). Pascal Ondarts, Jean-Pierre Garuet et consorts jouent les Fidji en quarts. Ils gagnent le droit (31-16) de défier le coorganisateur australien, à Sydney, en demi-finale.

Impossible n'est pas français. Au bout du suspense, Serge Blanco, époustouflant, offre la victoire à la 85e minute. Les Bleus privent les Wallabies d'une finale promise face aux cousins néo-zélandais et accomplissent leur premier exploit en Coupe du monde. Reste un obstacle, les All Blacks, qui ont tout écrasé sur leur passage. Pas de miracle, cette fois, mais une belle résistance et une défaite respectable (9-29).

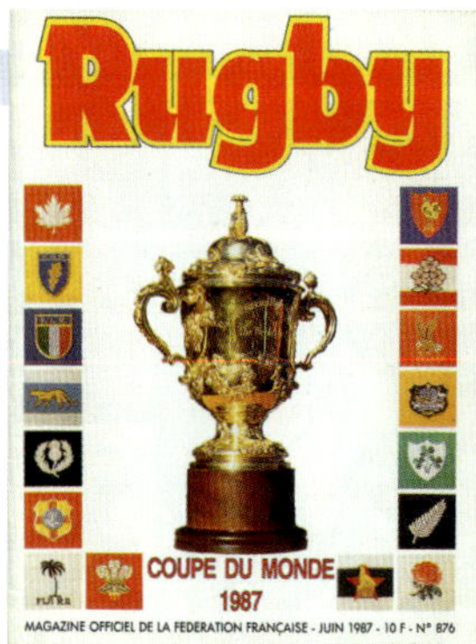

COUVERTURE DU NUMÉRO DE JUIN 1987 DU MAGAZINE OFFICIEL DE LA FÉDÉRATION FRANÇAISE DE RUGBY.

PRÉSENTATION DES POULES DE LA COUPE DU MONDE 1987.

LE XV DE FRANCE À LA COUPE DU MONDE 1987

Poule : France-Écosse **20-20**, France-Roumanie **55-12**, France-Zimbabwe **70-12**

Quart de finale : France-Fidji **30-16**

Demi-finale : France-Australie **30-24**

Finale : Nouvelle-Zélande-France **9-29**

L'ODEUR DU SANG 1991

PLAQUE OFFICIELLE DE LA COUPE DU MONDE 1991.

Quatre ans plus tard, pour sa première édition dans le Nord, la compétition prend de l'ampleur. Le rendez-vous est fixé à l'automne. Les matchs se déroulent dans cinq pays (France, Angleterre, Écosse, Irlande, pays de Galles), dans des stades pleins et devant des médias beaucoup plus concernés. Le XV tricolore, entraîné par Daniel Dubroca, domine facilement sa poule : 30-3 contre la Roumanie, 33-9 face aux Fidji, 19-13 contre le Canada.
Les coéquipiers du capitaine Serge Blanco, qui s'offre son jubilé en Bleu, ont raté six mois plus tôt le Grand Chelem après une courte défaite (21-19) à Twickenham en match de clôture. Ils retrouvent les Anglais, cette fois au Parc des Princes, pour un quart de finale qui sent le sang, la chique et le mollard. On n'est pas déçu : pluie de mauvais gestes, tours de vice et castagnes dans un match au couteau, finalement enlevé dans les dernières minutes grâce aux coups de pied de Jonathan Mark Webb qui surfe sur l'indiscipline française (19-10). L'Angleterre file ensuite vers la finale dans son antre londonien et s'incline contre l'Australie (6-12).

LE XV DE FRANCE À LA COUPE DU MONDE 1991

Poule : France-Roumanie **30-3**, France-Fidji **33-9**, France-Canada **19-13**

Quart de finale : Angleterre-France **19-10**

LE XV DE FRANCE S'EST INCLINÉ CONTRE L'ANGLETERRE (19-10) EN QUART DE FINALE DE LA COUPE DU MONDE 1991.

À DURBAN, LE XV DE FRANCE EST BATTU (19-15) PAR LE PAYS HÔTE ET FUTUR CHAMPION DU MONDE, L'AFRIQUE DU SUD, EN DEMI-FINALE DE LA COUPE DU MONDE 1995.

1995 TOUT UN SYMBOLE

L'édition 1995 en Afrique du Sud, sous le haut patronage symbolique et émouvant du président Nelson Mandela, dépasse le simple cadre du jeu. Elle réconcilie le monde entier avec une nation sortie de l'apartheid et du boycott sportif. Les symboles sont partout, à commencer dans la composition d'une équipe qui s'ouvre enfin aux joueurs de couleur.

La France et son ouvreur Thierry Lacroix, qui termine meilleur buteur de la compétition (112 points), passe la phase de poules les doigts dans le nez, invaincue face aux Tonga (38-10), à la Côte d'Ivoire (54-18) et à l'Écosse (22-19). En quart, elle se défait de l'Irlande (36-12), notamment grâce à deux essais inscrits par Émile Ntamack et Philippe Saint-André. Place à la demi-finale face aux hôtes sud-africains. Dans un stade incandescent et sous une pluie diluvienne, les Bleus échouent (15-19) d'une main, celle d'Abdelatif Benazzi, pas assez longue pour aplatir le ballon derrière la ligne d'essai sud-africaine. Les Bleus se consolent en remportant le match pour la troisième place face aux Anglais (19-9).

Le 24 juin, l'Afrique du Sud domine la Nouvelle-Zélande de Jonah Lomu. François Pienaar reçoit le trophée des mains de Nelson Mandela au terme d'une épreuve festive et magnifiquement organisée.

LE XV DE FRANCE À LA COUPE DU MONDE 1995

Poule : France-Tonga **38-10**, France-Côte d'Ivoire **54-18**, France-Écosse **22-19**

Quart de finale : France-Irlande **36-12**

Demi-finale : Afrique du Sud-France **19-15**

Match pour la 3e place : France-Angleterre **19-9**

POCHE DE BLAZER DÉCOUPÉE DU COSTUME OFFICIEL DU XV DE FRANCE À LA COUPE DU MONDE 1995.

EXPLOIT MAJUSCULE 1999

Le retour en Europe – et en automne – se déroule une nouvelle fois sur les terrains des cinq nations. La France, emmenée par son capitaine Raphaël Ibañez, déroule en poule face au Canada (33-20), à la Namibie (47-13) et aux Fidji (28-19). De quoi affronter sereinement l'équipe surprise en quart, l'Argentine. Le match ultra spectaculaire (47-26) se conclut par cinq essais français contre deux, avec un Christophe Lamaison impérial à la botte. Place à la demi-finale, le 31 octobre. Une date gravée dans la mémoire collective comme étant le plus bel exploit des Bleus en Coupe du monde. Face à eux, les Blacks de Jonah Lomu, qui ont tout renversé sur leur passage, inscrivant 206 points en quatre matchs. Le scénario semble écrit d'avance et, quand les Blacks creusent l'écart à la 45e minute pour mener de 14 points, on ne donne plus guère de chance aux Bleus. Mais le miracle se produit : deux drops et deux pénalités de Christophe Lamaison, et surtout un essai du bout du monde de Christophe Dominici, écrivent l'histoire (43-31). Les 73 000 spectateurs de Twickenham sont debout, même les Anglais. Le french flair est à son apogée.

Reste un match. Tout le monde veut y croire. Mais l'énergie et l'influx laissés dans la bataille seront fatals lors de la finale dans un Millenium de Cardiff flambant neuf, où l'Australie ne laisse pas exister l'équipe des entraîneurs Pierre Villepreux et Jean-Claude Skrela. Score final 35-12, et la sensation que la démonstration face aux Blacks a suffi à notre bonheur. Dommage.

LE XV DE FRANCE À LA COUPE DU MONDE 1999

Poule : France-Canada **33-20**, France-Namibie **47-13**, France-Fidji **28-19**
Quart de finale : France-Argentine **47-26**
Demi-finale : France-Nouvelle-Zélande **43-31**
Finale : Australie-France **35-12**

RICHARD DOURTHE INSCRIT LE TROISIÈME ESSAI FRANÇAIS À LA 60e MINUTE DE LA DEMI-FINALE DE LA COUPE DU MONDE 1999 CONTRE LA NOUVELLE-ZÉLANDE.

AU COUP DE SIFFLET FINAL, LES BLEUS EXULTENT : ILS ONT BATTU LES ALL BLACKS (43-31) ET SONT QUALIFIÉS POUR LA FINALE DE LA COUPE DU MONDE 1999.

2003 L'ANGLETERRE ET SA BOTTE SECRÈTE

La cinquième édition se tient au pays des champions du monde en titre. L'Australie, seule organisatrice cette fois, voit les choses en grand et entend bien s'autocélébrer. L'équipe de France, désormais entraînée par Bernard Laporte, s'appuie sur une ossature toulousaine, notamment ses épatantes jeunes pousses Frédéric Michalak et Clément Poitrenaud (21 ans chacun), encadrés par des plus anciens comme Fabien Pelous ou le capitaine Fabien Galthié. Brillant, le parcours des Bleus en poule est marqué par une victoire impressionnante (51-9) contre l'Écosse.

LE XV DE FRANCE EST ÉLIMINÉ (7-24) EN DEMI-FINALE DE LA COUPE DU MONDE 2003 PAR LES FUTURS CHAMPIONS DU MONDE ANGLAIS.

En quarts, les Bleus retrouvent l'Irlande, qui les avait battus de justesse (15-12) lors du Tournoi des Six Nations. La revanche est éclatante (43-21) avec quatre essais au bout, de quoi nourrir de belles ambitions face aux Anglais en demi-finale.

Le duel promet, mais, comme souvent, il accouche d'un match ultra tactique. Les Tricolores inscrivent le seul essai, mais leur indiscipline et la roublardise anglaise leur coûtent cinq pénalités transformées par Jonny Wilkinson, qui inscrit également trois drops et élimine à lui seul le XV de France (21-7). L'Angleterre tient sa botte secrète : c'est encore lui qui signe un drop phénoménal dans la prolongation, offrant le titre à son pays face à l'Australie (20-17). Le premier et seul sacre du Nord jusqu'à présent. Les Bleus, eux, terminent quatrièmes, battus par la Nouvelle-Zélande (13-40) lors de la petite finale.

LE XV DE FRANCE À LA COUPE DU MONDE 2003

Poule : France-Fidji **61-18**, France-Japon **51-29**, France-Écosse **51-9**, France-États-Unis **41-14**

Quart de finale : France-Irlande **43-21**

Demi-finale : France-Angleterre **7-24**

Match pour la 3e place : Nouvelle-Zélande-France **40-13**

2007 L'EXPLOIT GÂCHÉ

L'édition 2007 s'annonce pleine d'optimisme pour la France, pays organisateur avec le pays de Galles et l'Écosse. Le match d'ouverture au Stade de France lance ce qui doit être la grande fête du rugby. Mais les Pumas argentins ramènent les Bleus à la réalité du jeu (12-17). Grâce à sa victoire (25-3) – et notamment grâce aux deux essais de Vincent Clerc et à la botte de Jean-Baptiste Élissalde – contre l'Irlande, la France termine deuxième et gagne le droit d'affronter en quart, à Cardiff, la Nouvelle-Zélande. La grande, la tatouée, celle de la charnière Kelleher-Carter, invaincue en phase de poules. La première mi-temps, pendant laquelle les Français ne font que défendre, se conclut déjà sur un bel écart (3-13). Mais la pause semble avoir transcendé l'équipe de Thierry Dusautoir, Yannick Jauzion (auteurs d'un essai chacun) et Serge Betsen, qui arrache une victoire inespérée (20-18) et signe un nouvel exploit magnifique.

LE XV DE FRANCE À LA COUPE DU MONDE 2007

Poule : France-Argentine **12-17**, France-Namibie **87-10**, France-Irlande **25-3**, Géorgie-France **7-64**

Quart de finale : Nouvelle-Zélande-France **18-20**

Demi-finale : Angleterre-France **14-9**

Match pour la 3e place : France-Argentine **10-34**

En demi-finale, les Bleus affrontent leur meilleur ennemi anglais au Stade de France. Surpris d'entrée, les Tricolores courent derrière le score et se heurtent à une défense de fer. Jonny Wilkinson s'occupe de la suite. Une fois encore, l'Albion s'impose (9-14) et boute le XV de France hors de « sa » compétition. Seule consolation : l'Afrique du Sud domine les Anglais en finale... Les Bleus laissent filer la troisième place au profit de l'Argentine (10-34).

LES BLEUS ONT PORTÉ HAUT LES COULEURS DE LA FRANCE EN BATTANT LA NOUVELLE-ZÉLANDE (20-18) EN QUART DE FINALE DE LA COUPE DU MONDE 2007.

CONTRE TOUTE ATTENTE, LE XV DE FRANCE DE THIERRY DUSAUTOIR SE HISSE EN FINALE DE LA COUPE DU MONDE 2011, QUE REMPORTENT LES ALL BLACKS (8-7).

Rendez-vous en Nouvelle-Zélande pour la première édition organisée dans le pays. Les Bleus, coachés par Marc Lièvremont, arrivent sur la pointe des pieds.
Leurs derniers résultats laissent planer quelques incertitudes. La tâche s'annonce compliquée avec les All Blacks comme adversaires en poule. Après deux victoires face au Japon (47-21) et au Canada (46-19), les Bleus défient la Nouvelle-Zélande à l'Eden Park d'Auckland. Résultat ? Une démonstration des locaux (37-17). Dur pour le moral. Lors du dernier match face aux Tonga, badaboum, les îliens stoppent net les Tricolores (14-19), qui ne doivent leur survie qu'aux points des bonus offensifs.
Dos au mur, critiqués comme rarement, les Bleus et leur charnière Dimitri Yachvili-Morgan Parra retrouvent des Anglais invaincus et sûrs d'eux en quart de finale. Grâce à une première mi-temps totalement maîtrisée et conclue par deux essais de Vincent Clerc et Maxime Médard, les Français déjouent les pronostics (19-12). Place aux solides Gallois en demi-finale. Au terme d'un match âpre, la France s'arrache (9-8) après avoir tremblé jusqu'à la fin et se qualifie en finale, pour la troisième fois de son histoire, comme son adversaire, la Nouvelle-Zélande. Dans une rencontre fermée, cadenassée, les deux équipes cherchent à se maîtriser. Les locaux finissent par s'imposer (8-7) malgré le courage hors norme des Bleus et de leur capitaine Thierry Dusautoir, auteur de l'essai français et élu homme du match.

LE XV DE FRANCE À LA COUPE DU MONDE 2011

Poule : France-Japon **47-21**, France-Canada **46-19**, Nouvelle-Zélande-France **37-17**, France-Tonga **14-19**

Quart de finale : Angleterre-France **12-19**

Demi-finale : pays de Galles-France **8-9**

Finale : France-Nouvelle-Zélande **7-8**

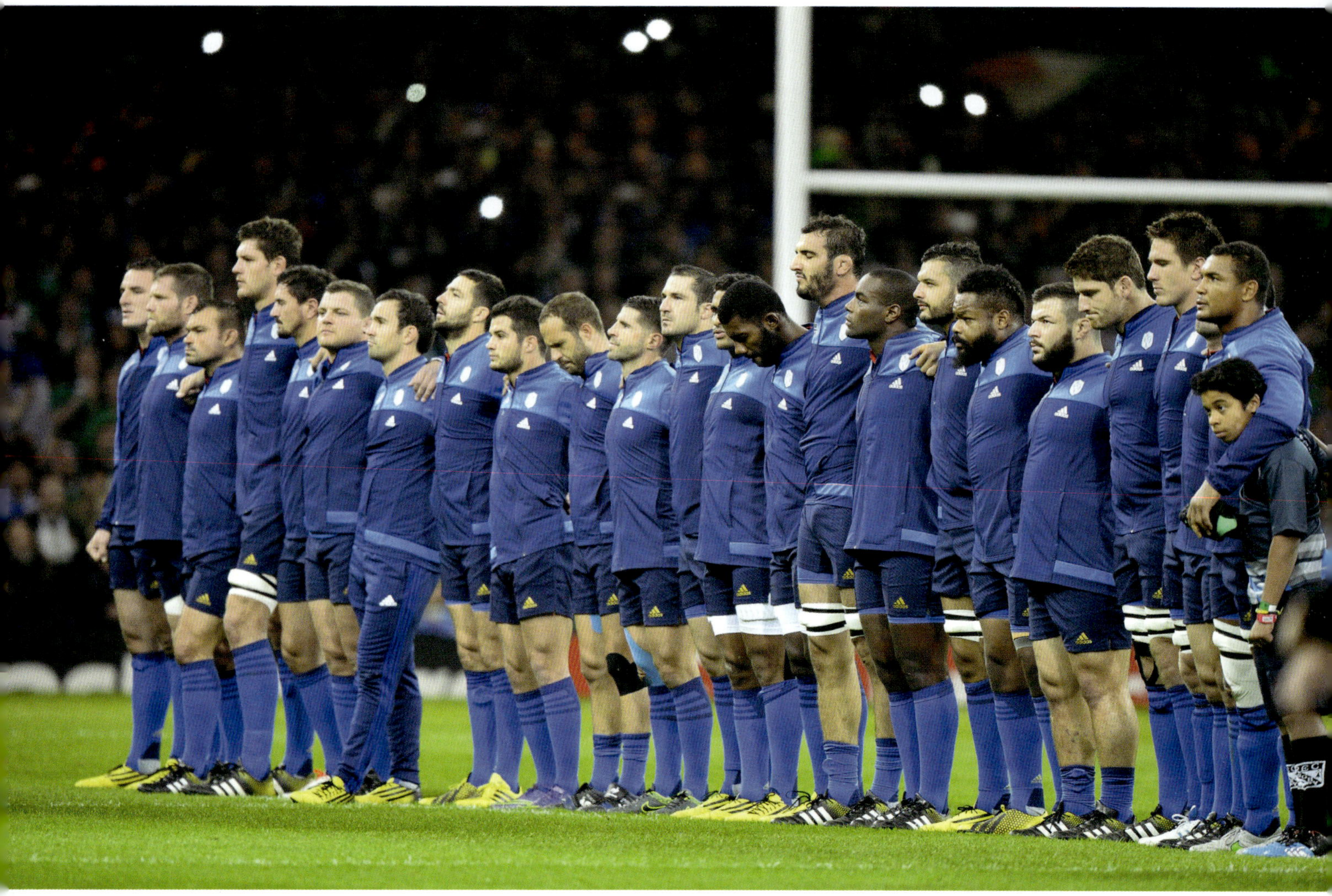

BATTU (9-24) PAR L'IRLANDE EN POULE, LE XV DE FRANCE DOIT AFFRONTER LA NOUVELLE-ZÉLANDE EN QUART DE FINALE DE LA COUPE DU MONDE 2015.

2015 SÉVÈRE !

Gallois et Anglais reçoivent pour l'édition 2015. L'équipe de France dirigée par Philippe Saint-André n'est pas au mieux avant de rentrer dans la compétition. Elle a conclu son décevant Tournoi des Six Nations avec trois défaites, dont une humiliation à Twickenham (35-55) en clôture. Les coéquipiers de Mathieu Bastareaud sont versés dans une poule à leur portée, composée de l'Italie (32-10), la Roumanie (38-11) ou du Canada (41-18).

HAIE D'HONNEUR DES ALL BLACKS FUTURS CHAMPIONS DU MONDE POUR UN XV DE FRANCE SÉVÈREMENT BATTU (62-13) EN QUART DE FINALE DU MONDIAL 2015.

Leur dernier adversaire, l'Irlande, qui a remporté le dernier Tournoi, est leur principal concurrent. Malheur au perdant de leur confrontation directe qui devra affronter les champions du monde All Blacks, plus impressionnants que jamais. Et c'est la France, battue (9-24), qui s'y colle. Rendez-vous au Millenium de Cardiff, comme huit ans auparavant. Mais cette fois, pas de surprise : les Néo-Zélandais offrent une démonstration (13-62) marquée... par pas moins de neuf essais ! La punition est sévère mais révèle l'écart entre les deux équipes. Les All Blacks, intraitables, dominent l'Afrique du Sud en demi-finale (20-18) avant de venir à bout de l'Australie en finale (34-17), réalisant ainsi le premier doublé de l'histoire de la Coupe du monde.

LE XV DE FRANCE À LA COUPE DU MONDE 2015

Poule : France-Italie **32-10**, France-Roumanie **38-11**, France-Canada **41-18**, France-Irlande **9-24**

Quart de finale : Nouvelle-Zélande-France **62-13**

POUR UN PETIT POINT... 2019

L'édition 2019 est historique puisque la compétition s'invite pour la première fois sur le continent asiatique, au Japon. L'équipe de France de Jacques Brunel a hérité du groupe de la mort avec l'Argentine, l'Angleterre, les Tonga et les États-Unis. La génération dorée, championne du monde des moins de 20 ans en 2016, a pris le pouvoir, à l'image de la charnière Antoine Dupont-Romain Ntamack. Elle entame la compétition face aux Pumas. Deux essais d'Antoine Dupont et Gaël Fickou lui offrent une courte mais importante victoire (23-21). Score identique face au Tonga lors du troisième match, après la rencontre remportée contre les États-Unis (33-9). Reste l'affrontement avec les Anglais pour déterminer le leader du groupe. Le typhon Hagibis qui s'abat sur Yokohama oblige le World Rugby à annuler la rencontre, le résultat étant donné nul. La première place attribuée à l'Angleterre, qui rencontrera l'Australie en quarts, n'est pas forcément un cadeau. La France, elle, sera opposée au pays de Galles, auteur du Grand Chelem lors du Tournoi 2019. Réduits à quatorze après l'expulsion de Sébastien Vahaamahina (49e), les Bleus cèdent... pour un tout petit point. Antoine Dupont a du mal à retenir ses larmes. Il sera rapidement consolé par Fabien Galthié, le futur sélectionneur. Tous les deux ont déjà un objectif en vue : la Coupe du monde en France, en 2023. Et ils ont quatre ans pour s'y préparer...

LE XV DE FRANCE À LA COUPE DU MONDE 2019

Poule : France-Argentine **23-21**, France-États-Unis **33-9**, France-Tonga **23-21**, Angleterre-France **match annulé**

Quart de finale : pays de Galles-France **20-19**

COUVERTURE DU PROGRAMME OFFICIEL DU QUART DE FINALE PAYS DE GALLES-FRANCE (20-19) DE LA COUPE DU MONDE 2019.

LES BLEUS PRENNENT LA POSE AU SANCTUAIRE KITAGUCHI HONGU FUJI SENGEN-JINJA, À FUJIYOSHIDA.

FRANCE RUGBY

LE XV DE FRANCE

DEPUIS NOVEMBRE 2019 ET LA PRISE DE FONCTION DE FABIEN GALTHIÉ, L'ÉQUIPE DE FRANCE S'EST AFFIRMÉE PEU À PEU COMME L'UN DES PRINCIPAUX PRÉTENDANTS À LA VICTOIRE FINALE DE LA COUPE DU MONDE 2023 QUE LE PAYS ORGANISE. FOCUS SUR LES STADES DANS LESQUELS JOUERONT LES BLEUS, RETOUR SUR LA MONTÉE EN PUISSANCE D'UNE GÉNÉRATION DORÉE ET REVUE D'EFFECTIF POSTE PAR POSTE.

STADE DE FRANCE SAINT-DENIS

CAPACITÉ : **81 500 PLACES**

Depuis 1998, le monde du rugby s'est approprié l'enceinte, comme les cousins footeux. Les Bleus y ont fêté leur dixième Grand Chelem en mars 2022 et en ont fait leur antre : ils y sont invaincus depuis mars 2021, après une défaite face à l'Écosse. Un stade forteresse imprenable qui peut aussi compter sur une ferveur populaire devenue impressionnante. Elle sera à coup sûr totale le 8 septembre pour le match d'ouverture France-Nouvelle-Zélande. Le choc tant attendu du groupe A sera d'ailleurs la seule représentation des Bleus lors du premier tour dans l'enceinte dionysienne. Toutefois, les Tricolores pourraient y disputer leur quart de finale, le 14 ou 15 octobre, puis, si tout va bien, une demi-finale le 20 ou 21 octobre et la grande finale le samedi 28 octobre. S'ils ne parvenaient pas à atteindre cette dernière marche et tombaient en demi-finale, les Bleus y joueraient le match pour la troisième place le 27 octobre.

LES STADES OÙ JOUERA

STADE VÉLODROME MARSEILLE

CAPACITÉ : **67 394 PLACES**

Le stade Orange Vélodrome, enceinte mythique de l'OM, sait aussi recevoir les rugbymen. Les Bleus y ont d'ailleurs de très bons souvenirs, comme cette victoire le 12 novembre 2022 contre l'Afrique du Sud (30-26), ces deux succès face aux Wallabies australiens en 2001 (14-13) et 2005 (26-16), ou la fantastique victoire des coéquipiers de Fabien Galthié et Richard Dourthe face à la Nouvelle-Zélande (42-33) en 2000 ! En somme, une pelouse heureuse qui accueillera les Bleus le 21 septembre pour leur troisième match de poule face à la Namibie.

PARC OLYMPIQUE LYONNAIS LYON

CAPACITÉ : 59 186 PLACES

Inauguré en janvier 2016, le stade ultra moderne, propriété de l'Olympique Lyonnais, est doté d'un toit photovoltaïque, d'un système de récupération des eaux de pluie et de 8 000 m² d'espaces de réception. Le troisième stade français par sa capacité a déjà vibré pour l'ovalie lors des finales européennes de 2016 (dont Saracens-Racing 92) ou des demi-finales du Top 14 en 2018. Pour cette Coupe du monde, les Bleus disputeront à Lyon leur dernier match de poule face à l'Italie, le 6 octobre.

LE XV DE FRANCE

FRANCE RUGBY

STADE PIERRE-MAUROY LILLE

CAPACITÉ : 50 187 PLACES

Inaugurée en août 2012 et dotée d'un toit rétractable, l'enceinte nordiste – stade du Lille Olympique Sporting Club (LOSC) –, située à Villeneuve-d'Ascq, recevra la deuxième rencontre de poule des Bleus face aux Uruguayens, le 14 septembre. Les Tricolores n'ont disputé qu'un seul match à Lille jusqu'ici : c'était en novembre 2018, face aux Pumas argentins. Sous le toit – fermé pour l'occasion – du stade Pierre-Mauroy, les troupes de Jacques Brunel s'étaient imposées 28-13, mettant alors fin à une série de cinq défaites consécutives.

PARMI LES NOMBREUX SYMBOLES DE CETTE GÉNÉRATION DORÉE, LE CAPITAINE ANTOINE DUPONT A ÉTÉ NOMMÉ MEILLEUR JOUEUR DU MONDE EN 2021.

GÉNÉRATION DORÉE

ILS S'APPELLENT GRÉGORY ALLDRITT, CYRIL BAILLE, ANTOINE DUPONT, ROMAIN NTAMACK… ILS ONT GRANDI ENSEMBLE EN ÉQUIPE DE FRANCE APRÈS AVOIR FAIT LEURS CLASSES DANS LES CATÉGORIES INFÉRIEURES. UNE GÉNÉRATION DE SURDOUÉS QUI TENDENT TOUS VERS UN MÊME OBJECTIF : DÉCROCHER UNE PREMIÈRE ÉTOILE.

« C'est très émouvant. Cela fait quatre ans que l'on travaille pour ça. » Le 11 mars 2023, le sélectionneur Fabien Galthié ne peut contenir ses larmes. L'émotion est à la hauteur de l'exploit accompli à Twickenham dans le Tournoi des Six Nations. En battant les Anglais sur leur pelouse (10-53), les Bleus viennent d'entrer dans l'histoire – c'est le plus large succès tricolore chez les rivaux de toujours – et de boucler le match le plus accompli de l'ère Galthié.

Pourtant, depuis la prise de fonction de l'ancien entraîneur de Toulon, de Montpellier et du Stade Français, en novembre 2019, Dupont et compagnie sont habitués à surprendre : une victoire majuscule (40-25) face aux Blacks dans un Stade de France incandescent, le 20 novembre 2021, la plus large victoire contre la Nouvelle-Zélande ; un succès (26-28) en Australie, le 13 juillet 2021, le premier chez les Wallabies depuis trente et un ans ; et la première victoire (13-15) en Irlande depuis dix ans, lors du Tournoi des Six Nations 2021… Les premiers succès probants d'un groupe qui a effectivement beaucoup bossé pendant quatre ans.

C'EST NOTAMMENT GRÂCE À SA SOLIDARITÉ QUE LE XV DE FRANCE L'A EMPORTÉ (23-27) AU PAYS DE GALLES, POUR LA PREMIÈRE FOIS DEPUIS DIX ANS, LORS DU TOURNOI 2020.

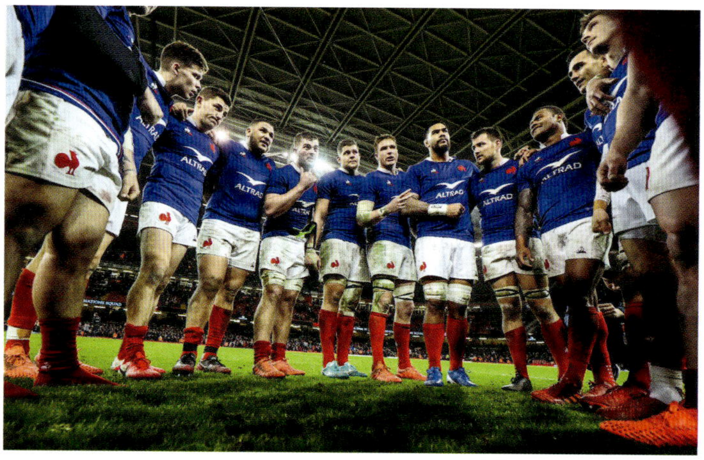

CONFIANCE DANS L'AVENIR

À la sortie d'une Coupe du monde japonaise mitigée et d'une défaite d'un petit point en quart de finale face au pays de Galles, le sentiment qui prédomine est l'espoir, grâce à cette nouvelle génération incarnée par Antoine Dupont, Romain Ntamack, Grégory Alldritt ou encore Julien Marchand. Une génération ultra prometteuse qui, pour son opération conquête, se heurte à un os. Ou plutôt à un pangolin. L'épidémie de Covid-19 met les compétitions à l'arrêt durant le confinement…

L'année 2020 débute pourtant sur les chapeaux de roue dans le Tournoi avec des victoires à domicile contre les Anglais (24-17) et les Italiens (35-22), puis au Millennium de Cardiff face aux Gallois (23-27), une première depuis dix ans. Juste avant d'être confinés, les Bleus perdent toutefois l'illusion du Grand Chelem en Écosse, face à un XV

du Chardon en plein renouveau (28-17). Le Tournoi se conclut finalement... à la Toussaint, au Stade de France, par une victoire convaincante face à l'Irlande (35-27), mais la France laisse échapper le trophée, devancée à la différence de points par l'Angleterre.
Au-delà des résultats, Fabien Galthié se forge quelques certitudes sur le potentiel d'un groupe qu'il entend élargir à l'occasion d'une Coupe d'automne organisée pour combler une saison tronquée par l'épidémie et les habituelles tournées de l'hémisphère Sud à cette période.
Les pays des Six Nations, auxquels s'ajoutent les Fidji et la Géorgie, sont répartis dans deux groupes et s'affrontent en un match sec. La France, première de sa poule, retrouve en finale l'Angleterre, à Twickenham, autorisé à lever partiellement le huis clos pour accueillir deux mille spectateurs. Contraint de faire tourner son effectif dans le cadre de la convention FFR-LNR limitant le nombre de matchs des internationaux, Fabien Galthié lance quelques novices, qui en profitent pour briller, comme les trois-quarts Gabin Villière, Yoram Moefana ou le troisième-ligne Selevasio Tolofua. Ces Bleus frôlent l'exploit et s'inclinent en fin de prolongation de trois petits points (22-19). Le staff peut aussi compter sur des doublures sérieuses et va pouvoir jouer la carte de la concurrence à fond.
Passé cette année, l'objectif Coupe du monde peut reprendre. Les coéquipiers du capitaine Charles Ollivon attaquent la saison pied au plancher. C'est en Italie que s'ouvre le Tournoi 2021 par une démonstration offensive française et sept essais, dont un doublé de Teddy Thomas. Cette large victoire (10-50) place les Bleus sur les bons rails avant d'aller défier l'Irlande sur ses terres pour mettre fin à une décennie de disette. Bingo, l'exploit est là (13-15) grâce à un immense Antoine Dupont. On se met à rêver d'un Grand Chelem. Mais l'espoir est vite anéanti : les Bleus sont battus par l'Écosse (23-27) au Stade de France. Puis, au terme d'un match âpre, les Tricolores s'inclinent contre l'Angleterre sur un essai très litigieux de Maro Itoje (23-20). Les motifs d'espoir demeurent toutefois, à l'image d'un Fabien Galthié promettant « des jours heureux pour ce groupe ».

MATTHIEU JALIBERT ET LES BLEUS S'INCLINENT DE JUSTESSE (22-19) EN FINALE DE LA COUPE D'AUTOMNE 2020 CONTRE L'ANGLETERRE.

DÉMONSTRATION FACE AUX BLACKS

Devin ou simplement conscient des forces et des immenses qualités de son groupe, le grand timonier des Bleus va assister à un été et un automne 2021 magistraux. Toujours contraint par une limitation de matchs pour chaque international, le staff décide d'emmener, autour d'Anthony Jelonch – promu capitaine – et de Damian Penaud, une flopée de prétendants à la sélection ou à la titularisation en Australie. Aux côtés de revanchards – Jonathan Danty, Louis Carbonel ou Sekou Macalou –, on découvre Melvyn Jaminet, titularisé d'entrée à l'arrière. Ce dernier va devenir la révélation d'une tournée durant laquelle jamais les Bleus n'auront autant contrarié les Wallabies. À un premier test perdu d'une pénalité – très sévère – au bout du bout de la prolongation (23-21) succède une magnifique victoire (26-28) arrachée avec les tripes, grâce à un essai de Penaud et à un cent pour cent au pied de Jaminet (23 points). Un match héroïque, et le premier succès français en Australie au XXIe siècle. Le sélectionneur se prépare de fameux casse-tête pour l'avenir, certains postulant clairement à des places de titulaires. Le troisième test voit d'ailleurs le XV de France intégrer cinq changements, entre les joueurs blessés et la volonté de faire tourner. Là encore, les deux équipes se tiennent mais, comme lors du premier match, l'Australie arrache la victoire (33-30) sur une ultime pénalité. « L'objectif était de découvrir des joueurs, c'est fait. C'est important que le groupe France se nourrisse de cette émulation », résume Fabien Galthié. La rentrée promet d'être studieuse pour le staff de l'équipe de France, heureux de pouvoir compter sur un groupe élargi, mais qui va devoir faire des choix. La tournée de novembre s'annonce : au programme, l'Argentine, la Géorgie et, surtout, la Nouvelle-Zélande.

Pour débuter, un adversaire qui ne réussit pas trop aux Bleus en général : les Pumas. À quelques jours de ses 25 ans, Antoine Dupont est promu capitaine en l'absence de Charles Ollivon, blessé. Un brassard qu'il ne lâchera plus… Autre innovation, la titularisation de Matthieu Jalibert, Romain Ntamack reculant au centre au côté de Gaël Fickou. Comme prévu, les Argentins donnent du fil à retordre aux Tricolores. La France s'impose finalement (29-20), notamment grâce à la patte de Melvyn Jaminet, auteur de 20 points.

LE XV DE FRANCE EXULTE APRÈS SA VICTOIRE EN AUSTRALIE – UNE PREMIÈRE DEPUIS 1990 ! – LORS DE LA TOURNÉE D'ÉTÉ 2021.

DAMIAN PENAUD INSCRIT LE DEUXIÈME ESSAI FRANÇAIS. LE XV DE FRANCE S'IMPOSE (13-15) EN IRLANDE DANS LE TOURNOI 2021.

Après avoir dominé la Géorgie une semaine plus tard (41-15), les Bleus ont rendez-vous avec les All Blacks, le 20 novembre. Romain Ntamack retrouve l'ouverture, François Cros, Paul Willemse et Uini Atonio sont alignés pour répondre au défi physique devant. Dans un Stade de France en ébullition, tout heureux de retrouver le parfum des grands matchs, le XV de France signe un exploit majuscule. Après un début en fanfare et trois essais inscrits en trente minutes, avec un doublé du talonneur Peato Mauvaka, habituelle doublure de Julien Marchand, la France vire en tête à la pause (24-6). On n'a encore rien vu. En inscrivant trois essais en dix minutes en début de seconde mi-temps, les Néo-Zélandais amorcent inexorablement la remontée fantastique. Mais c'est sans compter sur ces jeunes coqs qui refusent de tomber sans livrer bataille. La suite est un monument de persévérance, de solidarité. Les All Blacks butent sur un mur de sueur et de sang. Les Bleus bâtissent leur chef-d'œuvre et, grâce au pied de Jaminet et à un essai magnifique de Penaud, font vibrer le Stade de France comme jamais auparavant. L'instant est magique, l'euphorie des joueurs gagne le public. France 40 – Nouvelle-Zélande 25, jamais victoire contre les All Blacks n'avait été aussi large. La France vient de frapper un grand coup, sa victoire résonne fort. Antoine Dupont, auteur d'un match exceptionnel, est élu quelques jours plus tard meilleur joueur du monde.

SOLIDAIRES, LES BLEUS REMPORTENT LA PLUS LARGE VICTOIRE (40-25) DU XV DE FRANCE CONTRE LA NOUVELLE-ZÉLANDE EN NOVEMBRE 2021.

LE 19 MARS 2022,
LE XV DE FRANCE BAT
L'ANGLETERRE (25-13)
ET S'ADJUGE LE DIXIÈME
GRAND CHELEM
DE SON HISTOIRE.

DIXIÈME GRAND CHELEM

Voilà le XV tricolore passé du statut d'équipe pleine de promesses à cador du monde ovale. À l'heure d'entamer 2022 et le Tournoi des Six Nations, les supporters se prennent à rêver de Grand Chelem, douze ans après le dernier. Un défi d'autant plus accessible que les Bleus reçoivent l'Irlande et l'Angleterre, les deux autres favoris. Douée d'un état d'esprit conquérant, l'équipe de France débute le 6 février par un succès convaincant à domicile contre l'Italie (37-10) couronné par cinq essais, dont trois de Gabin Villière. Six jours plus tard, place à l'Irlande pour une finale avant la lettre. Les Tricolores ouvrent les hostilités après une minute et vingt secondes grâce au onzième essai en Bleu de leur capitaine Antoine Dupont, magistralement servi par Romain Ntamack. Les Irlandais, cueillis à froid, réagissent cinq minutes plus tard par une filouterie de Mack Hansen au milieu d'une défense pétrifiée. Un début tout fou, un match tendu jusqu'au bout, un succès final (30-24) plein d'espoir et de quoi renforcer quelques certitudes…

Le test suivant a lieu à Murrayfield. Les Bleus ont une revanche à prendre contre l'Écosse après la défaite au Stade de France en 2021. Un nouveau début de match tonitruant permet aux coéquipiers de Damian Penaud – auteur d'un doublé – de s'imposer largement (17-36). Une démonstration très aboutie conclue par six essais et le sentiment de tenir un groupe taillé pour tout gagner.

Il reste deux étapes à franchir, et pas les moindres. D'abord, un déplacement au Millennium de Cardiff face aux tenants du titre : dans un match fermé sans envolée spectaculaire, les Bleus d'Anthony Jelonch, auteur du seul essai du match, s'imposent grâce à une défense de fer (9-13). Nous y voilà : un dernier match pour le Grand Chelem face à nos meilleurs ennemis anglais.

Ce 19 mars au soir, dans un Stade de France plein comme un œuf, le XV du Coq ne peut pas perdre. La génération dorée a rendez-vous avec son destin. « Surtout bien débuter le match », martèle encore et toujours Fabien Galthié. Ses joueurs l'ont une nouvelle fois écouté et inscrivent un premier essai au quart d'heure de jeu grâce à Gaël Fickou, bien servi par Romain Ntamack. La première mi-temps est totalement maîtrisée et conclue par un deuxième essai, signé François Cros, son premier en sélection. La réaction anglaise en début de seconde mi-temps ne suffit pas et, comme un symbole, c'est le capitaine Antoine Dupont qui, à l'heure de jeu, délivre tout un peuple (25-13). Le stade explose, l'émotion est totale. Les Bleus invincibles reçoivent le trophée des mains du Premier ministre Jean Castex devant neuf millions de téléspectateurs, un record ! Fabien Galthié reste focus : « C'est notre vingt-cinquième match, la finale de la Coupe du monde sera le quarante-sixième. »

LES BLEUS HISSENT HAUT LE TROPHÉE D'UN GRAND CHELEM QU'ILS ONT BRILLAMMENT CONQUIS.

LE XV DE FRANCE RENVERSE (30-26) L'AFRIQUE DU SUD, CHAMPIONNE DU MONDE EN TITRE, EN NOVEMBRE 2022.

VICTOIRE HISTORIQUE À TWICKENHAM

Pendant la tournée d'été au Japon – où, encore une fois, le staff convoque de nombreux novices et des revenants, comme Charles Ollivon ou le centre Virimi Vakatawa –, deux succès (23-42) et (15-20) entretiennent une série de dix victoires, du jamais vu depuis 1937.

L'automne s'annonce avec son lot de test-matchs. L'Australie, l'Afrique du Sud et le Japon sont au programme, avec un double challenge : conserver son invincibilité et marquer les esprits avant « sa » Coupe du monde. Contre les Wallabies, le 5 novembre, au terme d'un match aussi serré que spectaculaire, les Bleus s'arrachent en fin de match grâce à l'exploit d'un Damian Penaud étincelant (30-29). Place ensuite à la réception, à Marseille, des champions du monde sud-africains. Pour leur retour au Vélodrome après quatre ans, les Bleus, à l'image de Thomas Ramos, titularisé à l'arrière, tiennent les rugueux Springboks, réduits à quatorze, à distance. Le match, d'une rare intensité, laisse plusieurs titulaires sur le carreau (Cyril Baille et Thibaud Flament sortent sur blessure). Malgré l'expulsion d'Antoine Dupont en début de seconde mi-temps et une remontada sud-africaine, les Français puisent dans leurs réserves et décrochent la passe de douze (30-26). Pas superstitieux, ils passent à treize en dominant le Japon à Toulouse (35-17) avant d'entamer 2023, l'année tant attendue, en numéro deux mondial au classement IRB, derrière l'Irlande.

Le Tournoi promet donc beaucoup, avec une finale annoncée avant l'heure dès la deuxième journée, à l'Aviva Stadium de Dublin, le 11 février. L'Irlande, impressionnante au pays de Galles (10-34), voit débarquer des Bleus poussifs en Italie (24-29). Dominés en touche et pris par la furia offensive des Verts, les Tricolores cèdent logiquement (32-19). Mais pas question de laisser le doute s'installer : l'Écosse se présente. La France bat (32-21) les troupes de Greg Townsend, au jeu toujours aussi audacieux et séduisant. Les Bleus restent en course avant de se rendre à Twickenham.

La France croque ce Crunch et pulvérise les Anglais (10-53). Damian Penaud (deux essais) et ses coéquipiers remportent la plus large victoire de l'histoire de l'équipe de France contre l'Angleterre. Le XV tricolore, qui conclut par une victoire face aux Gallois (41-28), ne remporte finalement pas le Tournoi. L'Irlande s'en charge, Grand Chelem à la clé. Mais la démonstration de Twickenham, dans des proportions historiques, a marqué les esprits bien au-delà de nos frontières. « J'espère que nos adversaires nous craignent », concluait Fabien Galthié après le dernier match. Réponse le 8 septembre, face à la Nouvelle-Zélande.

À TWICKENHAM, D'INTRAITABLES BLEUS REMPORTENT LA PLUS LARGE VICTOIRE (10-53) DE L'HISTOIRE DU XV DE FRANCE CONTRE L'ANGLETERRE.

ALTRAD

FRANCE RUGBY

LES PILIERS

AUSSI INCONTOURNABLES QU'EXPÉRIMENTÉS, CYRIL BAILLE ET UINI ATONIO SEMBLENT AVOIR UNE LONGUEUR D'AVANCE SUR LES AUTRES PILIERS.

CYRIL BAILLE

- NÉ LE 15 SEPTEMBRE 1993 À PAU • 1,82 M • 116 KG
- CLUB : STADE TOULOUSAIN
- 43 SÉLECTIONS
- VAINQUEUR DU TOURNOI DES SIX NATIONS 2022 (GRAND CHELEM)

À 29 ans, le pilier gauche du Stade Toulousain, considéré par beaucoup comme l'un des meilleurs à son poste, est devenu une arme indispensable du XV de France. Appelé pour la première fois, le 12 novembre 2016, à Toulouse, face aux Samoa, son sens du jeu et son agilité ballon en main en ont fait un titulaire indéboulonnable depuis 2019.

L'art de la percée, dont il est friand, allié à sa puissance et à sa technique, fait merveille sur les pelouses.

« Un joueur exceptionnel », souligne William Servat, entraîneur des avants de l'équipe de France, qui l'a aussi vu grandir au Stade Toulousain, où Cyril Baille a été formé après avoir fait ses classes à Lannemezan. D'abord footballeur (gardien de but), il a finalement décidé de marcher sur les traces de Pierre, son père, pilier droit au Stade Saint-Gaudinois. Avant de se tourner vers l'avant, il débute derrière, au poste de trois-quarts centre. Il en a gardé l'art de la percée, dont il est friand et qui, allié à sa puissance (1,82 m, 116 kg) et à son impeccable technique, fait merveille sur les pelouses.

PILIER MODERNE

Le double champion de France (2019 et 2021) possède tous les atouts du pilier moderne, et même un petit truc en plus : il sait aussi être décisif, comme le 12 février 2022, au Stade de France, où son essai face à l'Irlande offrait la victoire aux Bleus et leur ouvrait la porte d'un Grand Chelem historique. Champion d'Europe en 2021, ce compétiteur hors norme veut tout gagner, en club comme en équipe nationale, sans « se prendre pour un autre ». Il est déjà Cyril Baille, meilleur pilier gauche du monde.

UINI ATONIO

- NÉ LE 26 MARS 1990 À TIMARU (NOUVELLE-ZÉLANDE)
- 1,97 M • 147 KG
- CLUB : STADE ROCHELAIS
- 50 SÉLECTIONS
- VAINQUEUR DU TOURNOI DES SIX NATIONS 2022 (GRAND CHELEM)

La valeur n'attend point le nombre des années. L'adage colle bien à Uini Atonio qui, à 33 ans, fait figure de sage et qui, question poids, a du répondant. Mais derrière se cache celui que tout le monde qualifie de « Nounours ». Néanmoins, sur le pré, le pilier droit tricolore ne laisse pas sa part au lion. Ses adversaires préfèrent éviter le Rochelais, généreux dans l'effort comme sur les plaquages.

Pourtant, ce fils d'ouvreur samoan a appris l'évitement au poste de trois-quarts centre puis de troisième-ligne. Sa morphologie l'oriente vers la première ligne, où il se fait remarquer alors qu'il évolue dans l'équipe U20 des Samoa.

ENCORE UN DÉFI

Il a 21 ans quand le Stade Rochelais l'engage et en fait un titulaire à part entière, avant de lui confier le brassard à seulement 22 ans. En 2014, le Néo-Zélandais devenu français découvre le XV tricolore. Une première sélection face aux Fidji, puis quelques apparitions en pointillés. Depuis 2019, il s'est imposé comme un titulaire en puissance. Ses performances en club, avec lequel il décroche notamment la Coupe d'Europe 2022, font le reste. Désormais, il lui reste un défi : « Gagner la Coupe du monde, le seul trophée qui manque à la France. » Pas question de le contrarier.

DORIAN ALDEGHERI

- NÉ LE 4 AOÛT 1993 À TOULOUSE • 1,80 M • 119 KG
- CLUB : STADE TOULOUSAIN
- 9 SÉLECTIONS

Trois ans que « Doudou », son surnom, pousse fort dans la mêlée française. Son talent en fait un titulaire probable. Sa complicité avec Julien Marchand et son « frère » Cyril Baille est un atout indéniable. À Toulouse comme en équipe de France, Dorian Aldegheri a toujours su composer avec la concurrence. Forfait pour la Coupe du monde 2019, ce guerrier au moral d'acier arrache sa place de titulaire à Toulouse en 2021 à la barbe de Charlie Faumuina. Champion de France et d'Europe cette même année, il retrouve les Bleus et s'y impose. Il brille à Twickenham, où il est titulaire pour la victoire historique contre les Anglais en 2023. En concurrence avec Sipili Falatea, il espère prouver, à l'image de ce qu'il a réalisé avec Toulouse en 2023, qu'il mérite la confiance des sélectionneurs. Histoire de goûter à cette fête du rugby français.

MAIS AUSSI :

CLÉMENT CASTETS, 27 ANS, STADE FRANÇAIS, 1.81 M, 109 KG
SIPILI FALATEA, 26 ANS, UNION BORDEAUX BÈGLES, 1.83 M, 110 KG, 12 SÉLECTIONS
MOHAMED HAOUAS, 29 ANS, MONTPELLIER HÉRAULT RUGBY, 1.85 M, 125 KG, 16 SÉLECTIONS
REDA WARDI, 28 ANS, STADE ROCHELAIS, 1.85 M, 110 KG, 6 SÉLECTIONS

FRANCE RUGBY

LES TALONNEURS

INDISSOCIABLES, LES DEUX TALONNEURS DU STADE TOULOUSAIN, JULIEN MARCHAND ET PEATO MAUVAKA, SONT AUSSI CEUX DU XV DE FRANCE.

JULIEN MARCHAND

- NÉ LE 10 MAI 1995 À SAINT-GAUDENS • 1,81 M • 108 KG
- CLUB : STADE TOULOUSAIN
- 29 SÉLECTIONS
- VAINQUEUR DU TOURNOI DES SIX NATIONS 2022 (GRAND CHELEM)

Il est le roi des gratteurs. Le king, qui, après avoir plaqué son adversaire, réussit à lui dérober le ballon tout en restant debout. « Peut-être le meilleur du monde dans cet exercice », souligne Ugo Mola, son entraîneur à Toulouse. Sa puissance et sa maîtrise technique font merveille. Julien Marchand a bossé et s'est adapté à des règles qui évoluent.

Ce cadre du XV tricolore garde un objectif en tête : lever le seul trophée manquant au rugby français.

Appliqué, mais pas que. Son sens du jeu et du placement fait le reste. Il faut dire que Julien est tombé dans la marmite enfant, dans une famille où tout tourne autour du rugby. Son père est son premier entraîneur à l'US Montréjeau, où il débute à 11 ans. En 2009, lors d'un stage de détection, son talent n'échappe pas au Stade Toulousain, qui l'intègre en le déplaçant du poste de troisième-ligne à celui de talonneur.

UN CHARISME NATUREL

La suite est une success story. Il intègre le groupe pro à 19 ans. Il devient incontournable avec l'arrivée d'Ugo Mola, en 2015-2016, et ses performances en font l'une des révélations de la saison. Au point de pousser sur la touche les titulaires annoncés au poste l'année suivante, l'Italien Leonardo Ghiraldini et Christopher Tolofua. En 2018, son charisme naturel lui vaut d'être désigné capitaine. Les portes de l'équipe de France s'ouvrent à lui en novembre. Trois mois plus tard, il débute le Tournoi face au pays de Galles, entrant en jeu à la place du capitaine Guilhem Guirado. Mais, en toute fin de match, il se blesse : rupture des ligaments croisés. Premier coup dur d'une ascension linéaire. Saison terminée, il voit la Coupe du monde au Japon s'échapper. Il revient plus fort et enchaîne les titres avec Toulouse. Mais ce cadre du XV tricolore garde un objectif en tête : lever le seul trophée manquant au rugby français.

PEATO MAUVAKA

NÉ LE 10 JANVIER 1997 À NOUMÉA (NOUVELLE-CALÉDONIE) •
1,80 M • 112 KG •
CLUB : STADE TOULOUSAIN •
21 SÉLECTIONS •
VAINQUEUR DU TOURNOI DES SIX NATIONS 2022 (GRAND CHELEM) •

Peato n'est jamais loin de Julien Marchand. À Toulouse comme en équipe de France, le natif de Nouméa partage le poste avec celui qu'il a connu au centre de formation des Rouge et Noir. Il est plus qu'une doublure et, en club comme en sélection, il imprègne sa marque, se montre décisif et cumule du temps de jeu. Ses qualités de vitesse et de perforation en font une arme redoutable. Il est souvent décisif, à l'image de son doublé face à la Nouvelle-Zélande lors des tests d'automne 2021, dont il termina meilleur marqueur d'essais (5).

> Peato Mauvaka imprègne sa marque, se montre décisif et cumule du temps de jeu.

Découvert en Nouvelle-Calédonie, ce troisième-ligne rejoint l'académie toulousaine à 15 ans. Proche de la famille Tolofua, il vit chez elle. Rapidement, ses qualités physiques, sa rage de vaincre et sa bonne humeur font l'unanimité. Il gravit les échelons et se fait sa place à Toulouse, puis en équipe de France, atterrissant chez les Bleus lors du Tournoi des Six Nations 2019, après la blessure de... Julien Marchand.

SUPER JOKER

En 2020, son coéquipier est bien présent quand Fabien Galthié l'appelle, avant de l'intégrer totalement au groupe France. Ultra complet, Peato Mauvaka, reconnaissable à sa coupe mulet, se coule parfaitement dans le collectif. Son expérience et son tempérament de guerrier s'avèrent décisifs, notamment en fin de match. Un rôle de super joker que le sélectionneur apprécie : « Peato a des qualités qui nous semblent importantes pour "matcher" lors des dernières minutes. Il a un très bon lancer, de l'explosivité, de la puissance en mêlée », explique Fabien Galthié. Et un statut de cadre des Bleus à part entière.

MAIS AUSSI :

GAËTAN BARLOT, 26 ANS, CASTRES OLYMPIQUE, 1.84 M, 107 KG, 7 SÉLECTIONS
TEDDY BAUBIGNY, 24 ANS, RUGBY CLUB TOULONNAIS, 1.84 M, 109 KG, 1 SÉLECTION
PIERRE BOURGARIT, 25 ANS, STADE ROCHELAIS, 1.84 M, 105 KG, 7 SÉLECTIONS
CHRISTOPHER TOLOFUA, 29 ANS, RUGBY CLUB TOULONNAIS, 1.83 M, 122 KG, 8 SÉLECTIONS

FRANCE RUGBY

LES DEUXIÈMES-LIGNES

DEUXIÈMES DE CORDÉE, THIBAUD FLAMENT, PAUL WILLEMSE ET ROMAIN TAOFIFÉNUA FONT LE BOULOT, ET PLUS ENCORE...

THIBAUD FLAMENT

- NÉ LE 29 AVRIL 1997 À PARIS • 2,03 M • 115 KG
- CLUB : STADE TOULOUSAIN
- 16 SÉLECTIONS
- VAINQUEUR DU TOURNOI DES SIX NATIONS 2022 (GRAND CHELEM)

En deux ans, il est devenu l'une des pièces maîtresses du XV de France. Sélectionné pour la première fois en novembre 2021 face à l'Argentine, il termine meilleur plaqueur du match et inscrit un essai. « La Flamme » n'a pas de temps à perdre. Et pour cause : il court aussi contre le temps perdu.

Ses grandes cannes, sa puissance et son sens du jeu ne passent pas inaperçus.

Dans le sillage de son père, demi d'ouverture amateur, Thibaud grandit à Bruxelles, où le papa prof de tennis a monté un club de rugby. Mais c'est à l'ASUB Rugby Waterloo que le fiston brille comme... ouvreur. Ses grandes cannes, sa puissance et son sens du jeu ne passent pas inaperçus. Étudiant en Angleterre, il se frotte à un rugby plus structuré où ses entraîneurs le font glisser vers la deuxième ligne. En 2017, il file en stage à l'ambassade de France en Argentine et pose ses crampons au Club Newman de Buenos Aires, avec lequel il dispute la finale du Championnat argentin.

UN PARCOURS SINGULIER

De retour en Angleterre, il tape dans l'œil d'un recruteur des Wasps. Juste le temps de terminer sa licence en commerce international, il en intègre le centre de formation avant de signer professionnel en 2019 ! Après ses débuts en Premiership, Pierre-Henry Broncan, recruteur du Stade Toulousain, tombe sous son charme. À l'été 2020, il signe à Toulouse. Un parcours singulier, semé d'embûches, grâce auxquelles Thibaud Flament s'est construit, grimpant les marches quatre à quatre et se forgeant un mental d'acier. Il rêvait des Bleus sans trop y croire, le voilà pierre angulaire de l'équipe. « Ce joueur a toujours été habité par cette flamme. Son père nous a confié qu'il s'endormait avec le poster de l'équipe de France au plafond. Chaque soir, son dernier regard était pour le maillot tricolore, c'est un destin particulier », souligne Fabien Galthié. Un fabuleux destin.

PAUL WILLEMSE

- NÉ LE 13 NOVEMBRE 1992 À PRETORIA (AFRIQUE DU SUD)
- 2,01 M • 129 KG
- CLUB : MONTPELLIER HÉRAULT RUGBY
- 28 SÉLECTIONS
- VAINQUEUR DU TOURNOI DES SIX NATIONS 2022 (GRAND CHELEM)

Cet espoir sud-africain a fait son trou chez les Bleus depuis 2019, quelques semaines seulement après avoir reçu la nationalité française. Depuis 2015, le gaillard fait le bonheur de Montpellier, où sa puissance physique et sa vista font merveille. Il conçoit son poste comme celui d'un impact player. Ballon en main ou en défense, il s'agit de marquer l'adversaire. Une vision moderne de son rôle qu'apprécie particulièrement le staff de l'équipe de France, qui insiste sur le défi physique toujours plus important dans le rugby moderne.

PUISSANCE INDISPENSABLE

Dans ce cadre, difficile de se passer de l'ancien joueur de Grenoble, où il a fait ses débuts en France en 2014, et des Blue Bulls, son club de cœur en Afrique du Sud. Sa puissance est indispensable pour les Bleus, à moins que le futur français né australien Emmanuel Meafou ne soit naturalisé avant la date fatidique.

ROMAIN TAOFIFÉNUA

- NÉ LE 14 SEPTEMBRE 1990 À MONT-DE-MARSAN
- 2 M • 135 KG
- CLUB : LYON OLYMPIQUE UNIVERSITAIRE RUGBY
- 43 SÉLECTIONS

Plus de dix ans maintenant que « Grand Tao » fait parler sa puissance sous le maillot tricolore. Depuis juin 2012, il n'est jamais resté loin du groupe. Absent des Mondiaux 2015 et 2019, il postule à l'édition 2023. Peut-être la dernière chance pour le joueur, en pleine maturité. Sa capacité à casser les mauls l'a rendu indispensable lors du dernier Tournoi. Il espère en être, et avec lui toute une famille tournée vers le rugby. Fils de l'ancien troisième-ligne Willy Taofifénua, il est aussi le frère de Sébastien – autre international (2 sélections) et pilier du LOU – et de Killian, talonneur prêté par Biarritz au Stade Niçois. L'expérience de Romain est un atout en sa faveur. Champion d'Europe avec le RC Toulon en 2015 et du Challenge européen avec le LOU en 2022, son professionnalisme et sa qualité d'écoute sont salués par tous. Lui rêve de devenir très grand et de décrocher cette couronne mondiale en guise de consécration.

MAIS AUSSI :

BASTIEN CHALUREAU, 31 ANS, MONTPELLIER HÉRAULT RUGBY, 2.02 M, 121 KG, 3 SÉLECTIONS
THOMAS JOLMÈS, 27 ANS, UNION BORDEAUX BÈGLES, 2.04 M, 125 KG, 2 SÉLECTIONS
THOMAS LAVAULT, 24 ANS, STADE ROCHELAIS, 1.98 M, 108 KG, 2 SÉLECTIONS
EMMANUEL MEAFOU, 25 ANS, STADE TOULOUSAIN, 2.03 M, 140 KG
CAMERON WOKI, 24 ANS, RACING 92, 1.96 M, 109 KG, 19 SÉLECTIONS

FRANCE RUGBY

LES TROISIÈMES-LIGNES CENTRE

GRÉGORY ALLDRITT ET LE POLYVALENT SEKOU MACALOU FERONT LE LIEN ENTRE LES LIGNES AVANT ET ARRIÈRE. DEUX JOUEURS QUE LE MONDE ENTIER NOUS ENVIE.

GRÉGORY ALLDRITT

- NÉ LE 23 MARS 1997 À CONDOM • 1,91 M • 113 KG
- CLUB : STADE ROCHELAIS
- 39 SÉLECTIONS
- VAINQUEUR DU TOURNOI DES SIX NATIONS 2022 (GRAND CHELEM)

Quelle chance que le natif de Condom n'ait pas opté pour la patrie et sélection de son père, l'Écosse. La France serait passée à côté d'un joueur de classe mondiale devenu une référence à son poste. Logique aussi, car Greg a été façonné en France, nourri au ballon à Auch, aux côtés d'Antoine Dupont et d'Anthony Jelonch, trois potes inséparables devenus des cadres de l'équipe de France.

Casque sur la tête, Grégory Alldritt transperce les défenses adverses, plaque tout ce qui bouge et impressionne tout son monde.

Et quand ses potes ont opté pour le voisin Castres, lui a choisi, en 2017, le bord de mer et un club en plein boum, le Stade Rochelais. Les Maritimes n'auront qu'à s'en féliciter tant leur jeune recrue va tout renverser sur son passage. Casque sur la tête, Grégory Alldritt transperce les défenses adverses, plaque tout ce qui bouge et impressionne tout son monde. Jacques Brunel l'appelle chez les Bleus pour le Tournoi des Six Nations 2019 et l'installe en titulaire au poste, reléguant Louis Picamoles sur la touche. Pour son troisième match, il inscrit deux essais face à... l'Écosse. Des débuts en fanfare qui lui offrent un voyage au Japon, en 2019. Là encore, Grégory sera titulaire.

HÉROS DE LA PATRIE

Sa pointe de vitesse et sa technique hors pair en font le numéro 8 moderne par excellence. Son abattage sur le terrain coupe le souffle de ses adversaires. Que dire enfin de sa science du grattage qui le voit récupérer une flopée de ballons dans les rucks ? Au point d'être logiquement surnommé « Le Gratteur ». Bref, tout a été dit et écrit sur lui, et il n'a que 26 ans, une Coupe du monde française à vivre et une planète à faire vibrer. Grégory Alldritt, héros de la patrie, et tant pis pour les Écossais.

SEKOU MACALOU

NÉ LE 20 AVRIL 1995 À SARCELLES •
1,95 M • 108 KG •
CLUB : STADE FRANÇAIS PARIS •
15 SÉLECTIONS •
VAINQUEUR DU TOURNOI DES SIX NATIONS 2022 •
(GRAND CHELEM)

Sekou Macalou n'est pas simplement un joueur de rugby de grand talent. C'est un couteau suisse capable de jouer trois-quarts aile, troisième-ligne aile ou centre et, s'il le faut, de dépanner en deuxième ligne ou à l'arrière. Et tout ça sans se plaindre, avec le sourire et une soif de jouer insatiable.

> Sa polyvalence en fait le parfait joker d'une sélection dans laquelle il se balade depuis 2017.

Discret, timide même, il n'est pas de ceux à prendre la parole dans le vestiaire, mais, question responsabilité sur le terrain, pardon ! Personne n'a oublié sa performance face aux champions du monde sud-africains, en novembre 2022, où il bluffe tout un stade et au-delà. Sa polyvalence en fait le parfait joker d'une sélection dans laquelle il se balade depuis 2017 et une première sélection contre le Japon. Oublié par la suite, il est rappelé en 2020 par Raphaël Ibañez et Fabien Galthié. Sa vélocité, son explosivité en font un joueur d'évitement. Pas commun à son poste. « Je ne suis pas un joueur qui va foncer dans les murs. » Sauf si on le lui demande, bien sûr.

DÉFINITIVEMENT À PART

Sekou Macalou est prêt à jouer partout, et avec brio. Le rêve pour un entraîneur. Une polyvalence qui est un atout mais peut aussi le positionner comme super joker susceptible de suppléer plusieurs joueurs. Pas grave, dit l'intéressé, qui veut juste pouvoir vivre pleinement cette Coupe du monde. « Je veux la jouer, que ce soit à l'aile, en troisième ligne, en "hybride" ou je ne sais pas quoi. » « Si l'équipe gagne et que je ne rentre que deux minutes, ça ne me dérange pas. » Sekou Macalou est définitivement un joueur à part.

MAIS AUSSI :

ALEXANDRE BÉCOGNÉE, 26 ANS, MONTPELLIER HÉRAULT RUGBY, 1.88 M, 105 KG, 1 SÉLECTION
YOAN TANGA, 26 ANS, STADE ROCHELAIS, 1.85 M, 107 KG, 2 SÉLECTIONS
BASTIEN VERGNES-TAILLEFER, 26 ANS, UNION BORDEAUX BÈGLES, 1.94 M, 111 KG

FRANCE RUGBY

LES TROISIÈMES-LIGNES AILE

ANTHONY JELONCH, S'IL EST REMIS DE SA GRAVE BLESSURE, ET DE JEUNES POUSSES POSTULENT POUR ACCOMPAGNER CHARLES OLLIVON ET FRANÇOIS CROS.

CHARLES OLLIVON

- NÉ LE 11 MAI 1993 À BAYONNE
- 1,99 M • 108 KG
- CLUB : RUGBY CLUB TOULONNAIS
- 33 SÉLECTIONS

Le « Grand Charles » fait partie des cadres du XV de France. Premier capitaine de l'ère Galthié, de janvier 2020 jusqu'à sa blessure en 2021, l'homme est un meneur sur et en dehors du terrain. Formé à l'Aviron Bayonnais, dont il reste un socio, le troisième-ligne toulonnais est un perforateur de défenses.

Sa science du placement – acquise, dit-on, grâce à la pratique de la pelote basque – fait merveille et l'installe chez les Bleus.

La puissance et la technique sont les principaux atouts de celui qui a découvert le XV tricolore le 8 novembre 2014, contre les Fidji, au stade Vélodrome de Marseille. Philippe Saint-André lance alors ce jeune joueur qui était passé à travers les radars et n'avait pas connu de sélections chez les jeunes. Sa science du placement – acquise, dit-on, grâce à la pratique de la pelote basque – fait merveille et l'installe chez les Bleus. Mais une entorse de l'épaule le prive de son premier Tournoi des Six nations, en 2015. Des blessures qui ne vont pas épargner Charles Ollivon tout au long de sa carrière.

UNE VOLONTÉ DE TITAN

En avril 2017, un plaquage réveille cette épaule douloureuse et, quelques semaines plus tard, il est contraint à l'opération pour une fracture de l'omoplate. Le Basque a du caractère et une volonté de titan, il se bat pour revenir et être retenu pour la Coupe du monde 2019 au Japon. Il en est l'invité surprise, après un retour réussi sous le maillot toulonnais. Une force de caractère qui va aussi lui permettre de gérer une rupture du ligament croisé du genou gauche, en juin 2021, qui l'éloigne des terrains six mois durant. Il est de retour en Bleu pour la tournée d'été au Japon, en 2022, plus compétiteur que jamais, et en espérant que son corps lui laisse un peu de répit. Pas question de louper le Mondial à la maison.

FRANÇOIS CROS

- NÉ LE 25 MARS 1994 À TOULOUSE • 1,90 M • 107 KG
- CLUB : STADE TOULOUSAIN • 20 SÉLECTIONS
- VAINQUEUR DU TOURNOI DES SIX NATIONS 2022 (GRAND CHELEM)

François Cros a un destin à accomplir. Alors il bosse, car il sait que tout ne tient qu'à un fil ou à un mauvais coup reçu. Et il n'a pas été épargné. Des blessures à répétition retardent ses débuts chez les pros, à Toulouse, avant d'être lancé, en janvier 2016, en Coupe d'Europe. Il a 22 ans et entre enfin dans le grand bain aux côtés de ses potes du centre de formation, Cyril Baille et Dorian Aldegheri. Il les retrouvera en équipe de France, mais, là encore, la porte tarde à s'ouvrir en raison d'une concurrence féroce.

TRAVAILLEUR DE L'OMBRE

Il l'entrevoit en 2019 lors des matchs de préparation à la Coupe du monde, mais Jacques Brunel décide finalement de se passer de lui pour la compétition. Une déception qu'il évacue en se remettant au boulot. L'intelligence et la faculté d'adaptation de ce diplômé en pédicurie-podologie font le reste. Discret, ce travailleur de l'ombre remporte le doublé Championnat-Coupe d'Europe avec Toulouse en 2021, avant de gagner sa place chez les Bleus et de décrocher le Grand Chelem 2022. Sa nouvelle et grave blessure au genou en fin de saison l'écarte de nouveau des terrains, mais il revient, une fois encore, pour le Tournoi 2023. Il ne lâchera pas !

ANTHONY JELONCH

- NÉ LE 28 JUILLET 1996 À AUCH • 1,95 M • 105 KG
- CLUB : STADE TOULOUSAIN • 25 SÉLECTIONS
- VAINQUEUR DU TOURNOI DES SIX NATIONS 2022 (GRAND CHELEM)

Anthony Jelonch sera-t-il suffisamment rétabli pour disputer cette Coupe du monde ? Lorsqu'il quitte la pelouse du Stade de France, le 26 février 2023, à la 25e minute de France-Écosse, personne n'ose imaginer le pire. Et pourtant... Rupture du ligament croisé antérieur du genou gauche, fin de saison. La nouvelle digérée rapidement, l'international se lance le défi d'être rétabli à temps. Opéré le 6 mars, le Gersois, au sommet de son rugby chez les Bleus comme avec Toulouse avant sa blessure, aspire à revenir en pleine possession de ses moyens. Impossible de renoncer. L'un de ses entraîneurs à Toulouse, Jean Bouilhou, prédit : « Il n'a pas fini de nous étonner. » La France retient son souffle tant le joueur, énorme plaqueur et finisseur, s'est rendu indispensable au XV tricolore.

MAIS AUSSI :

PAUL BOUDEHENT, 23 ANS, STADE ROCHELAIS, 1.92 M, 107 KG
YACOUBA CAMARA, 29 ANS, MONTPELLIER HÉRAULT RUGBY, 1.95 M, 112 KG, 17 SÉLECTIONS
DYLAN CRETIN, 26 ANS, LYON OLYMPIQUE UNIVERSITAIRE RUGBY, 1.95 M, 101 KG, 17 SÉLECTIONS
BAPTISTE HEGUY, 25 ANS, AVIRON BAYONNAIS, 1.96 M, 108 KG
ALEXANDRE ROUMAT, 26 ANS, STADE TOULOUSAIN, 1.98 M, 105 KG
SACHA ZEGUEUR, 24 ANS, SECTION PALOISE, 1.92 M, 107 KG

LES DEMIS DE MÊLÉE

DERRIÈRE ANTOINE DUPONT, DEVENU LA RÉFÉRENCE DU POSTE, MAXIME LUCU ET BAPTISTE COUILLOUD PRÉTENDENT À UNE PLACE DANS LA LISTE, À MOINS D'UNE SURPRISE...

ANTOINE DUPONT CAPITAINE

- NÉ LE 15 NOVEMBRE 1996 À LANNEMEZAN • 1,74 M • 85 KG
- CLUB : STADE TOULOUSAIN
- 47 SÉLECTIONS
- VAINQUEUR DU TOURNOI DES SIX NATIONS 2022 (GRAND CHELEM)

Antoine Dupont est sans doute le meilleur joueur du monde. À 26 ans, ce génie du ballon a pris une dimension supplémentaire avec le brassard de capitaine. « Toto » force sa timidité naturelle pour s'impliquer dans la vie du groupe et les mises en place tactiques.

> Son sens du jeu, son explosivité, ses gestes et ses feintes imprévisibles font se lever les stades.

Surdoué, il a touché ses premiers ballons à 4 ans. Formé à Auch, il s'engage en 2014 à Castres, où il devient titulaire un an plus tard. Son immense talent saute aux yeux et n'échappe pas aux recruteurs toulousains, qui jettent leur dévolu sur le meilleur espoir 2017 du Top 14. En Haute-Garonne, son association avec Romain Ntamack fait des étincelles. Ses performances lui valent une première sélection en Italie en mars 2017. Et le 11 novembre 2017, malgré la défaite (18-38) contre les All Blacks, il est élu homme du match !

UNE SORTE D'APOTHÉOSE

Freiné par une rupture du ligament antérieur du genou droit, il reprend sa marche en avant fin octobre 2018. Avec Toulouse, il est sacré champion de France 2019, avant de s'envoler pour le Japon pour une première Coupe du monde.

La suite est une sorte d'apothéose : champion de France et d'Europe en 2021, il est nommé capitaine des Bleus, en octobre 2021, et élu, cette même année, meilleur joueur du monde. Son sens du jeu, son explosivité, ses gestes et feintes imprévisibles font se lever les stades. En 2023, après 2020 et 2022, il est désigné pour la troisième fois meilleur joueur du Tournoi des Six Nations. « Il a déjà marqué son sport et peut entrer dans l'histoire », souligne Ugo Mola, son entraîneur à Toulouse. Antoine Dupont, lui, ne pense qu'à une chose : la Coupe du monde. « On l'a tous dans la tête », précise le capitaine, qui la joue plus que jamais collectif.

MAXIME LUCU

- NÉ LE 12 JANVIER 1993 À SAINT-JEAN-DE-LUZ
- 1,77 M • 82 KG
- CLUB : UNION BORDEAUX BÈGLES
- 13 SÉLECTIONS
- VAINQUEUR DU TOURNOI DES SIX NATIONS 2022 (GRAND CHELEM)

À force de persévérance et de travail, Maxime Lucu s'est rendu indispensable. À Bordeaux d'abord, où il a posé ses crampons, en 2019, en provenance du Biarritz Olympique, son club formateur. Avec le BO, dont il a été l'un des plus jeunes capitaines, il avait enquillé plus de 1 200 points en cinq saisons ! Performance qu'il renouvelle en Gironde, où il gagne vite sa place, s'installe comme un leader et... perd ses cheveux.

EN PLEINE MATURITÉ

Ses performances en club lui ouvrent logiquement les portes de l'équipe de France en 2020. La concurrence est rude, mais ce compétiteur-né relève le défi et, dès qu'il en a l'occasion, démontre toutes ses qualités sur le terrain. Comme lors du Tournoi des Six Nations 2022, lors duquel il entre lors des cinq rencontres et participe au Grand Chelem des Bleus. L'été qui suit, en l'absence d'Antoine Dupont, il est titulaire lors de la tournée au Japon et finit de convaincre le staff du XV de France. Excellent buteur, hyper complet, sûr de son rugby, il est, à 30 ans, en pleine maturité et a démontré qu'il peut rendre de fiers services au XV tricolore.

BAPTISTE COUILLOUD

- NÉ LE 22 JUILLET 1997 À LYON
- 1,76 M • 82 KG
- CLUB : LYON OLYMPIQUE UNIVERSITAIRE RUGBY
- 11 SÉLECTIONS

Pur produit de l'école lyonnaise, ce joueur surdoué, sélectionné dans toutes les catégories de sélections nationales, atterrit presque logiquement chez les grands en 2018, à tout juste 20 ans. Il est appelé par Jacques Brunel pour remplacer Antoine Dupont, blessé lors du Tournoi des Six Nations, et supplée Maxime Machenaud contre l'Italie. Après deux ans d'absence, il retrouve la sélection lors de la Coupe d'automne 2020. Il est titularisé lors de la finale perdue d'un cheveu face à l'Angleterre, à Twickenham, où il enfile même le brassard, devenant le premier joueur du LOU à connaître pareille distinction. Très joueur, il a un profil assez proche de celui d'Antoine Dupont, à un détail près : il n'est pas buteur. Et, à l'heure du choix, cela pourrait faire la différence.

MAIS AUSSI :

LÉO COLY, 23 ANS, MONTPELLIER HÉRAULT RUGBY, 1.75 M, 76 KG

NOLANN LE GARREC, 21 ANS, RACING 92, 1.75 M, 75 KG

BAPTISTE SERIN, 29 ANS, RUGBY CLUB TOULONNAIS, 1.82 M, 83 KG, 42 SÉLECTIONS

FRANCE RUGBY

LES DEMIS D'OUVERTURE

LE XV DE FRANCE DÉTIENT EN ROMAIN NTAMACK ET MATTHIEU JALIBERT DEUX OUVREURS DE TRÈS GRAND TALENT. DE QUOI ABORDER LA COMPÉTITION SEREINEMENT.

ROMAIN NTAMACK

- NÉ LE 1ER MAI 1999 À TOULOUSE • 1,86 M • 86 KG
- CLUB : STADE TOULOUSAIN
- 36 SÉLECTIONS
- VAINQUEUR DU TOURNOI DES SIX NATIONS 2022 (GRAND CHELEM)

Dire que le fils d'Émile Ntamack, ancien de Toulouse et des Bleus (46 sélections), était attendu est peu de chose. Annoncé très tôt comme un grand espoir national, surclassé en équipe de France et brillant dans toutes les catégories d'âge, Romain frappe aux portes de l'équipe première du Stade Toulousain à 17 ans, tout en étant le demi d'ouverture de l'équipe de France U20.

Gérant avec une maturité impressionnante la pression et les attentes placées sur lui, Romain Ntamack enchaîne et gère la concurrence.

Il a 18 ans quand il dispute son premier match de Top 14, le 30 septembre 2017, contre Agen. Champion du monde junior en juin 2018 avec les moins de 20 ans, il est appelé chez les grands quelques mois plus tard, en février 2019, pour le Tournoi des Six Nations. Comme un clin d'œil, il débute comme son père face au pays de Galles. C'est au centre que Jacques Brunel le positionne, avant de le replacer à l'ouverture, en association avec son coéquipier à Toulouse, Antoine Dupont, pour le troisième match contre l'Écosse, à la suite d'une large défaite contre l'Angleterre (44-8).

MAÎTRISE ET ASSURANCE

Romain Ntamack s'installe dans le groupe et, quelques semaines plus tard, apprend sa sélection pour la Coupe du monde 2019. Il devient, à 20 ans et 5 mois, le plus jeune joueur français à disputer un Mondial. Précoce, on vous dit. Il enchaîne les matchs et est désigné en fin de saison révélation de l'année 2019 par World Rugby. Gérant avec une maturité impressionnante la pression et les attentes placées sur lui, il enchaîne et gère la concurrence. Son association avec Antoine Dupont porte les Bleus vers le Grand Chelem 2022. À 24 ans, il dégage une assurance et une maîtrise incroyables qui, associées à des gestes sortis de nulle part, promettent de faire lever les foules.

MATTHIEU JALIBERT

- NÉ LE 6 NOVEMBRE 1998 À SAINT-GERMAIN-EN-LAYE
- 1,81 M • 86 KG
- CLUB : UNION BORDEAUX BÈGLES
- 23 SÉLECTIONS

À 24 ans, le maître à jouer de l'UBB n'a plus rien à prouver. Il a toujours répondu présent en sélection. Comme Romain Ntamack, Matthieu Jalibert offre une panoplie complète, alliant un jeu très sûr au pied et un sens de l'initiative désarçonnant. Il a appris le rugby au gré des mutations de son père militaire, d'abord à Nouméa, en Nouvelle-Calédonie, puis à Bordeaux, où il prend une licence. Repéré par l'UBB, il en intègre le centre de formation en 2015.

UN COMPÉTITEUR EN CONCURRENCE

À 16 ans, il est promu capitaine des U18, qu'il emmène en finale du Championnat de France Crabos. Il gravit les échelons, découvre le pôle espoirs et honore ses premières sélections en équipes de jeunes. En 2017, Matthieu Jalibert intègre logiquement le groupe professionnel. Il n'a que 19 ans quand il effectue ses premiers pas, à l'arrière, le 15 septembre 2017, face au LOU. Il finit par s'imposer à l'ouverture et devient le titulaire du poste. En 2018, à 19 ans, il est titulaire d'entrée face à l'Irlande dans le Tournoi mais sort à la demi-heure de jeu sur blessure. Verdict : entorse avec rupture partielle du ligament croisé postérieur du genou. Il s'en relève mais ne retrouve le XV de France qu'après la Coupe du monde 2019. Il ne quitte alors plus le groupe, poussant Fabien Galthié et son staff à faire jouer la concurrence avec Romain Ntamack. Le partage du temps de jeu semble être la règle, mais le compétiteur qu'est Matthieu Jalibert entend jouer sa carte à fond.

ANTOINE HASTOY

- NÉ LE 4 JUIN 1997 À BAYONNE • 1,80 M • 86 KG
- CLUB : STADE ROCHELAIS
- 2 SÉLECTIONS

En rejoignant La Rochelle en 2022, Antoine Hastoy a pris une autre dimension. Ses statistiques et ses performances parlent pour lui. En un an, il a conquis le public rochelais en mal d'un numéro 10 de niveau international. L'écart de niveau s'est réduit avec le duo Romain Ntamack-Matthieu Jalibert. Passé par toutes les sélections à partir des U16, Antoine Hastoy est appelé pour la première fois pour le Tournoi 2021 avant d'honorer sa première cape lors de la tournée en Australie à l'été 2021. La précision de son pied et son goût du jeu font de ce gros bosseur un demi de mêlée moderne et un troisième larron tout trouvé chez les Bleus. Il saura saisir sa chance !

MAIS AUSSI :

LÉO BARRÉ, 20 ANS, STADE FRANÇAIS, 1.89 M, 89 KG
ANTHONY BELLEAU, 27 ANS, ASM CLERMONT AUVERGNE, 1.77 M, 85 KG, 12 SÉLECTIONS
LÉO BERDEU, 25 ANS, LYON OLYMPIQUE UNIVERSITAIRE RUGBY, 1.95 M, 97 KG
LOUIS CARBONEL, 24 ANS, MONTPELLIER HÉRAULT RUGBY, 1.80 M, 82 KG, 5 SÉLECTIONS

FRANCE RUGBY

LES TROIS-QUARTS CENTRE

AU CENTRE, DES MUSCLES, MAIS SURTOUT DE L'EXPÉRIENCE, AVEC NOTAMMENT GAËL FICKOU – LE VICE-CAPITAINE AUX 79 SÉLECTIONS – ET JONATHAN DANTY.

GAËL FICKOU

- NÉ LE 26 MARS 1994 À LA SEYNE-SUR-MER
- 1,90 M • 99 KG
- CLUB : RACING 92
- 79 SÉLECTIONS
- VAINQUEUR DU TOURNOI DES SIX NATIONS 2022 (GRAND CHELEM)

Il est le patron des lignes arrière. À 29 ans, le joueur du Racing 92 fait figure d'ancien. Et pour cause : le boss, sélectionné pour la première fois le 16 mars 2013, évolue sous le maillot bleu depuis dix ans. Une longévité incroyable pour ce surdoué du rugby qui a bien failli devenir footballeur.

Ses appuis et sa vitesse, alliés à son expérience et à son sens du jeu, en font l'un des meilleurs centres du monde.

Philippe Saint-André est allé le chercher chez les U20 et l'a lancé dans le Tournoi 2013, face à l'Écosse. Quelques semaines auparavant, Gaël Fickou s'était engagé au Stade Toulousain, où les stars se bousculent. Un choix compliqué mais assumé, et tout de suite payant : il est plongé aussitôt dans le grand bain et s'installe aux côtés de Yannick Jauzion. Il devient incontournable en club et en équipe de France, et, en 2015, à 21 ans, il est retenu pour sa première Coupe du monde.

LE PLUS UTILISÉ

En 2018, il donne un nouvel élan à sa carrière en quittant Toulouse, après six saisons pleines mais sans trophée, pour rejoindre le Stade Français, avant d'intégrer le Racing 92 en avril 2021 pour pallier les blessures de trois joueurs. Gaël Fickou fait son job et inscrit quatre essais en quatre matchs, propulsant le Racing en match de barrage contre… le Stade Français. Il inscrit le premier essai du match et son équipe sort victorieuse (38-21), avant de s'incliner en demi-finale face à La Rochelle.

Chez les Bleus, pas de rivalité et de souci : Gaël Fickou enchaîne les saisons, fréquente quatre sélectionneurs (Philippe Saint-André, Guy Novès, Jacques Brunel et Fabien Galthié), dispute deux Coupes du monde, participe au Grand Chelem 2022 et devient le joueur le plus utilisé ces deux dernières années. Ses appuis et sa vitesse, alliés à son expérience et à son sens du jeu, en font l'un des meilleurs centres du monde.

JONATHAN DANTY

- NÉ LE 7 OCTOBRE 1992 À PARIS
- 1,81 M • 93 KG
- CLUB : STADE ROCHELAIS • 20 SÉLECTIONS
- VAINQUEUR DU TOURNOI DES SIX NATIONS 2022 (GRAND CHELEM)

Ce titi parisien se lance dans le rugby un peu par hasard. Ses aptitudes physiques et ses performances ne passent pas inaperçues et le Paris Université Club jette son dévolu sur cet espoir évoluant alors en troisième ligne. En 2008, à 16 ans, il s'engage avec le Stade Français, dont il intègre le pôle espoirs.

DEUXIÈME JEUNESSE

Trois ans plus tard, Jonathan Danty fait ses débuts professionnels. En 2014-2015, il inscrit 8 essais et participe grandement à la conquête du Brennus. Un sacre suivi d'une convocation en équipe de France pour les tests d'automne, mais une blessure au genou l'écarte des terrains. Partie remise lors du Tournoi 2016, où il est titularisé face à l'Italie. Des débuts tonitruants ralentis par les déboires de son club. Mais l'homme a du caractère et ne s'économise pas sur le terrain. Début 2020, Fabien Galthié mise sur ses qualités physiques pour apporter volume et expérience à l'arrière-garde. Son association avec Gaël Fickou fait merveille. En 2021, il rejoint La Rochelle. Il s'offre dès lors une deuxième jeunesse chez les Bleus – enchaînant les performances de très haut niveau lors du Grand Chelem 2022 – et en club, remportant la Coupe d'Europe 2022. Un palmarès de rêve, auquel il ne manque plus qu'une Coupe du monde. « Fatou » – son surnom – sait qu'à 31 ans, c'est sa dernière occasion de décrocher son étoile.

YORAM MOEFANA

- NÉ LE 18 JUILLET 2000 À FUTUNA (POLYNÉSIE OCCIDENTALE)
- 1,82 M • 95 KG
- CLUB : UNION BORDEAUX BÈGLES • 16 SÉLECTIONS
- VAINQUEUR DU TOURNOI DES SIX NATIONS 2022 (GRAND CHELEM)

À 13 ans, en 2013, Yoram Moefana s'installe en Métropole pour tenter de percer. Il rejoint le club de Limoges avant d'intégrer le centre de formation de Colomiers. En 2018, à 18 ans, il débute en Pro D2, où ses percées sont vite remarquées par l'UBB, qui l'engage la saison suivante, mais aussi par le staff de l'équipe de France U20. Son arrivée à Bordeaux marque une étape, et Fabien Galthié profite de la Coupe d'automne pour l'appeler en novembre 2020. Son application et son talent font le reste. Il est du groupe qui remporte le Grand Chelem en 2022. Désormais cadre de l'UBB, il postule à une place de titulaire ou de super joker aux côtés de Gaël Fickou et Jonathan Danty.

MAIS AUSSI :

PIERRE-LOUIS BARASSI, 25 ANS, STADE TOULOUSAIN, 1.87 M, 102 KG, 3 SÉLECTIONS
THOMAS DARMON, 25 ANS, MONTPELLIER HÉRAULT RUGBY, 1.81 M, 88 KG
JULIEN DELBOUIS, 24 ANS, STADE FRANÇAIS, 1.84 M, 99 KG
ÉMILIEN GAILLETON, 20 ANS, SECTION PALOISE, 1.85 M, 89 KG

FRANCE RUGBY

LES TROIS-QUARTS AILE

DANS CE SECTEUR, LES BLEUS PEUVENT COMPTER SUR DE NOMBREUX TALENTS. DERRIÈRE L'INCONTOURNABLE DAMIAN PENAUD, LA CONCURRENCE BAT SON PLEIN.

DAMIAN PENAUD

- NÉ LE 25 SEPTEMBRE 1996 À BRIVE-LA-GAILLARDE • 1,88 M • 97 KG
- CLUB : UNION BORDEAUX BÈGLES
- 42 SÉLECTIONS
- VAINQUEUR DU TOURNOI DES SIX NATIONS 2022 (GRAND CHELEM)

Depuis le Grand Chelem 2022, il incarne la réussite française. « Cheval » – son surnom – galope vers tous les records : meilleur marqueur d'essais (14) des Bleus dans le Tournoi des Six Nations, en attendant sans doute de devenir le meilleur marqueur d'essais des Bleus tout court. À 26 ans, il affiche un total de 26 essais, à 8 unités du record de Vincent Clerc. Bref, Damian Penaud affole les compteurs, et ce n'est pas près de s'arrêter.

> Damian Penaud galope vers tous les records : meilleur marqueur d'essais (14) des Bleus dans le Tournoi, en attendant sans doute de devenir le meilleur marqueur d'essais des Bleus tout court.

Pourtant, le fils du demi d'ouverture Alain Penaud a hésité à suivre les traces de son père. Il débute au LOU, où son père termine sa carrière. Puis il intègre l'école du CA Brive, où son géniteur a fait l'essentiel de sa carrière. Pas simple de se faire un prénom...
À 13 ans, il prend la décision d'arrêter le rugby. Deux ans de pause avant de revenir au ballon ovale, puis de retourner au CAB. Il retrouve le goût du jeu au poste de centre et gravit les échelons.

AILIER REDOUTÉ

Mais, à l'heure de l'intégrer, le club briviste se montre hésitant, ce qui fait le bonheur de l'ASM Clermont. Damian attire les regards grâce à sa pointe de vitesse supersonique et à ses relances tous azimuts. En avril 2016, Franck Azéma l'intègre au groupe pro. En 2016-2017, Damian est de l'aventure en Champions Cup – l'ASM atteint la finale – et de la victoire en Top 14. Guy Novès l'emmène en Afrique du Sud pour une tournée d'été. Mais une fracture du tibia stoppe son ascension. Il revient un an plus tard et doit composer avec la concurrence. Franck Azéma l'essaye à l'aile. Bingo ! Il s'envole en tant que titulaire pour la Coupe du monde 2019. La suite ? Il s'impose comme un cadre et un ailier redouté. Et c'est loin d'être fini...

ETHAN DUMORTIER

- NÉ LE 29 DÉCEMBRE 2000 À LYON
- 1,92 M • 92 KG
- CLUB : LYON OLYMPIQUE UNIVERSITAIRE RUGBY
- 5 SÉLECTIONS

À 22 ans, Ethan Dumortier est la révélation du Tournoi 2023. Précoce, il dispute son premier match avec le LOU le 14 décembre 2019. Il a alors 18 ans, n'est pas effrayé par la concurrence et se donne à fond aux entraînements.
Ses premières prestations lui ouvrent les portes de l'équipe de France U20 après avoir été surclassé. Il y enchaîne une Coupe du monde et deux Tournois des Six Nations. Sa progression est suivie de près, comme ses performances en club, où il gagne ses talons de titulaire.

TITULAIRE EN PUISSANCE

En 2022, après un début de saison tonitruant, il est appelé pour la première fois en équipe de France à l'occasion de la tournée d'automne. En février 2023, il est dans le groupe pour le Tournoi. Face à l'Italie, il est titulaire et signe une prestation de très haut niveau conclue par un magnifique essai. Il confirme par la suite, notamment face à l'Écosse avec un nouvel essai inscrit, et répond aux espoirs placés en lui. Il est désormais un titulaire en puissance.

GABIN VILLIÈRE

- NÉ LE 13 DÉCEMBRE 1995 À VIRE • 1,80 M • 88 KG
- CLUB : RUGBY CLUB TOULONNAIS
- 12 SÉLECTIONS
- VAINQUEUR DU TOURNOI DES SIX NATIONS 2022 (GRAND CHELEM)

Début mai 2023, Gabin a de nouveau foulé les pelouses du Top 14. Une excellente nouvelle pour son club, mais aussi pour le XV de France qui n'a pas oublié les débuts tonitruants de l'ancien Rouennais. Ses qualités de vitesse font merveille et le Championnat de Fédérale 1 ne peut pas le garder. En 2017, il décide pourtant de rester en Normandie et de se lancer dans une carrière d'international à sept. Pendant deux ans, il fait le tour du monde, brille et finit par être élu meilleur joueur des World Rugby Seven Series en 2019. Cette fois, il décide de répondre favorablement au Top 14 et s'engage au RC Toulon. Il a 23 ans et la maturité nécessaire pour s'imposer sur la rade et attirer le regard du sélectionneur. En octobre 2020, il est appelé pour disputer la Coupe d'automne, dont il est l'une des révélations. Son casque rouge s'impose à l'aile des Bleus. Il inscrit 6 essais en 12 sélections et participe au Grand Chelem en 2022. En novembre 2022, il se fracture le péroné. Débute alors une course contre la montre pour revenir à temps pour cette Coupe du monde qu'il ne veut pas louper.

MAIS AUSSI :

LOUIS BIELLE-BIARREY, 20 ANS, UNION BORDEAUX BÈGLES, 1.84 M, 79 KG
MATTHIS LEBEL, 24 ANS, STADE TOULOUSAIN, 1.84 M, 84 KG, 5 SÉLECTIONS
VINCENT RATTEZ, 31 ANS, LYON OLYMPIQUE UNIVERSITAIRE RUGBY, 1.81 M, 77 KG, 8 SÉLECTIONS
ENZO REYBIER, 21 ANS, OYONNAX RUGBY, 1.74 M, 76 KG

FRANCE RUGBY

LES ARRIÈRES

ENCORE UN POSTE OÙ LES TALENTS NE MANQUENT PAS. SI THOMAS RAMOS SEMBLE AVOIR UNE LONGUEUR D'AVANCE, MELVYN JAMINET RESTE EN EMBUSCADE.

THOMAS RAMOS

- NÉ LE 23 JUILLET 1995 À MAZAMET
- 1,78 M • 86 KG
- CLUB : STADE TOULOUSAIN
- 25 SÉLECTIONS
- VAINQUEUR DU TOURNOI DES SIX NATIONS 2022 (GRAND CHELEM)

À 28 ans, le Mazamétain n'a jamais semblé aussi sûr de son rugby. Son dernier Tournoi des Six Nations, lors duquel il est devenu meilleur marqueur tricolore sur une édition (82 points), en est l'exemple le plus probant. Thomas Ramos a un fameux coup de pied, comme en témoigne son taux de réussite. Sans parler de sa vision du jeu : le double champion de France aime les gestes improbables, les passes dans le dos, les percées invraisemblables...

Derrière ce petit grain de folie se cache aussi une mentalité de fer. Le joueur ne s'avoue jamais battu.

Il invente, prend des risques, et c'est à cela qu'on le reconnaît. Mais le joueur formé à Toulouse n'avait d'autre choix que de se faire remarquer pour gagner sa place. Il y a dans son art de la relance, ce goût du danger, du Clément Poitrenaud, son illustre prédécesseur. Derrière ce petit grain de folie se cache aussi une mentalité de fer. Le joueur ne s'avoue jamais battu. En club d'abord, où il accepte de jouer à l'ouverture, participant grandement au doublé de 2021. Quand il apprend que Melvyn Jaminet rejoint Toulouse, il signe même une prolongation, prêt à relever le défi. Une concurrence qui existe aussi en équipe de France.

POLYVALENCE ET RÉUSSITE INSOLENTE

Il fait face, bosse et dégage une sérénité mêlée à une tranquillité nonchalante. Quatre ans qu'il traîne ses crampons en équipe de France, acceptant là aussi tous les rôles. Une polyvalence par nécessité, dont il s'accommode très bien, avec une insolente réussite. Après la victoire historique des Bleus à Twickenham (10-53), lors de laquelle il a inscrit 23 points et un essai venu de nulle part, un journal anglais s'est interrogé : « Thomas Ramos n'est-il pas le meilleur joueur du monde ? » Une chose est sûre : il a pris une nouvelle dimension et sera l'une des stars de cette Coupe du monde.

MELVYN JAMINET

NÉ LE 30 JUIN 1999 À HYÈRES • 1,80 M • 85 KG •
CLUB : STADE TOULOUSAIN •
13 SÉLECTIONS •
VAINQUEUR DU TOURNOI DES SIX NATIONS 2022 (GRAND CHELEM) •

Melvyn Jaminet est professionnel depuis seulement trois ans. Il n'a pas perdu de temps. Pensionnaire de l'école de rugby du RC Toulon, le Varois est resté en rade et a rebondi à Hyères puis Perpignan (USAP), qui l'intègre en 2018 à son centre de formation. Il a 19 ans, l'âge où certains débutent déjà en pro. Il ronge son frein, bosse et, très vite, son talent et son instinct de buteur le propulsent vers le groupe professionnel.

L'épidémie de Covid et l'arrêt du Championnat ralentissent son début de carrière. De quoi aiguiser son appétit : quand il reprend, en 2021, il enquille essais (9 au total) et points au pied (294).

Il débute en février 2020 en Pro D2 contre Rouen et inscrit un essai. Mais l'épidémie de Covid et l'arrêt du Championnat ralentissent son début de carrière. De quoi aiguiser son appétit : quand il reprend, en 2021, il enquille essais (9 au total) et points au pied (294), et est sacré champion de Pro D2. Il cumule le titre de révélation de la saison et de meilleur joueur du Championnat. Ses prestations poussent Fabien Galthié à le convoquer pour la tournée d'été en Australie, dont il est la révélation. Il intègre le groupe France et conserve sa place à l'arrière pour la tournée d'automne.

COURSE CONTRE LA MONTRE

Courtisé de toutes parts, il choisit Toulouse en 2022, malgré la présence de Thomas Ramos, dont il a pris la place chez les Bleus. Il est d'ailleurs titulaire lors du Tournoi 2022, conclu par un Grand Chelem, et accepte, comme son coéquipier, la concurrence. En 2023, la forme et les prestations de Thomas Ramos le relèguent sur le banc, en club et chez les Bleus. En avril, il se blesse sérieusement à la cheville. Sa sortie sur brancard laisse craindre le pire, mais il évite la fracture et se lance dans une course contre la montre pour être rétabli au plus vite en vue de la Coupe du monde, lors de laquelle il entend bien tenir son rôle.

MAIS AUSSI :
ANTHONY BOUTHIER, 31 ANS, MONTPELLIER HÉRAULT RUGBY, 1.82 M, 86 KG, 8 SÉLECTIONS
ROMAIN BUROS, 26 ANS, UNION BORDEAUX BÈGLES, 1.87 M, 90 KG
BRICE DULIN, 33 ANS, STADE ROCHELAIS, 1.76 M, 84 KG, 36 SÉLECTIONS

LES ADVERSAIRES DU XV DE FRANCE

PLACÉ DANS UNE POULE A HOMOGÈNE MAIS PAS ÉVIDENTE, LE XV DE FRANCE AURA FORT À FAIRE DÈS LE MATCH D'OUVERTURE, LE 8 SEPTEMBRE, AU STADE DE FRANCE (SAINT-DENIS), CONTRE LA NOUVELLE-ZÉLANDE. ATTENTION ENSUITE AUX MATCHS PIÈGES CONTRE L'URUGUAY, LE 14 SEPTEMBRE 2023 AU STADE PIERRE-MAUROY (VILLENEUVE-D'ASCQ), PUIS FACE À LA NAMIBIE, LE 21 SEPTEMBRE AU VÉLODROME (MARSEILLE). ENFIN, IL FAUDRA AFFRONTER L'ITALIE, LE 6 OCTOBRE À LYON, AVANT UN ÉVENTUEL QUART DE FINALE CONTRE L'AFRIQUE DU SUD OU L'IRLANDE, VOIRE L'ÉCOSSE, LES TONGA OU LA ROUMANIE.

FRANCE RUGBY
ALL BLACKS
L'EQUIPE
AIG

NOUVELLE-ZÉLANDE

BLACK IS BACK ?

LES TRIPLES CHAMPIONS DU MONDE (1987, 2011, 2015) VEULENT RETROUVER LEUR RANG DE MEILLEURE ÉQUIPE MONDIALE. SANS DOUTE L'ULTIME DÉFI POUR PLUSIEURS CADRES DES ALL BLACKS.

Miroir, mon beau miroir, dis-moi quelle est l'équipe la plus forte ! L'Irlande !? Pourquoi ? Révolus les temps où les sélectionneurs des Kiwis pouvaient s'asseoir devant leur beau miroir pour poser la question dont ils connaissaient la réponse. S'ils restent la référence incontestée et incontestable du rugby, force est de constater que les All Blacks ne pratiquent plus le jeu qui gagne à chaque coup.

TAILLÉE POUR LA GAGNE

Pire, le Nord a pris l'habitude de les battre, comme lors de la tournée d'automne 2021, à l'occasion de laquelle, coup sur coup, ils se sont inclinés en Irlande (29-20) puis au Stade de France (40-25), la plus grande défaite jamais concédée chez les Gaulois.

S'ils restent la référence incontestée et incontestable du rugby, force est de constater que les All Blacks ne pratiquent plus le jeu qui gagne à chaque coup.

L'année suivante, les deux leaders du classement mondial IRB évités, ils sont tenus en échec à Twickenham (25-25), avant de s'imposer de justesse en Écosse (23-31) et plus largement face aux Gallois (23-55).

Mais, à l'entame de ce Mondial hexagonal, le petit monde du rugby s'interroge sur le réel niveau de cette équipe et sur son état mental. Question forces en présence, l'erreur serait de sous-estimer un collectif qui, quoi qu'il arrive, est taillé pour la gagne. Comment pourrait-il en être autrement quand on compte dans ses rangs le demi de mêlée Aaron Smith (34 ans), le talonneur Codie Taylor (32 ans), le deuxième-ligne Samuel Whitelock (34 ans), le troisième-ligne Ardie Savea (29 ans) ou l'ouvreur et arrière Beauden Barrett (32 ans) ?
Ces stars planétaires ont en commun de disputer, sans doute, leur dernière Coupe du monde. Une génération de surdoués qui tarderait à se renouveler ? La fédération néo-zélandaise semble en tout cas avoir décidé d'accélérer les choses, et, dans un timing qui peut surprendre, a annoncé le changement de coach, six mois avant cette Coupe du monde, avec le départ, quoi qu'il advienne, du sélectionneur Ian Foster, auquel succédera Scott Robertson, 49 ans, entraîneur à succès

des Crusaders depuis 2017 et ancien troisième-ligne centre passé notamment par Perpignan (2003-2006).

FIN DE RÈGNE ?

Scott Robertson était convoité, ce qui aurait poussé le board des Kiwis à avancer son annonce. De quoi renforcer l'idée d'une fin de règne en pleine préparation, sans doute pas l'idéal pour la motivation d'un groupe.

À l'entame de ce Mondial hexagonal, le petit monde du rugby s'interroge sur le réel niveau de cette équipe et sur son état mental. Question forces en présence, l'erreur serait de sous-estimer les All Blacks.

Ou alors, au contraire, les anciens et leur coach auront à cœur d'apporter une réponse sur le terrain. Et question honneur et esprit de revanche, les Blacks ont peu d'équivalent. Nous voilà prévenus...

LE SÉLECTIONNEUR
IAN FOSTER, DÉMOTIVÉ ?

Il est libre, Ian. Foster sait qu'il ne sera plus en poste après la compétition. Démotivant ? En février, l'entraîneur des lignes arrière des Blacks lors du Mondial 2019 apprenait que sa mission prendrait fin en France. Un mois plus tard, il découvrait même le nom de son successeur, Scott Robertson. L'annonce d'un avenir radieux, qui pourrait pourtant plonger le présent en plein marasme. Ian Foster, d'habitude sur la réserve, s'en est même étonné à haute voix : « On aspire à la sérénité. Je parle au nom d'une équipe de vingt personnes qui travaillent comme des folles pour aller en France et gagner la Coupe du monde de rugby. C'est notre seul objectif. » Comme marquer l'histoire au présent...

LA STAR AARON SMITH, LE BAROUD D'HONNEUR

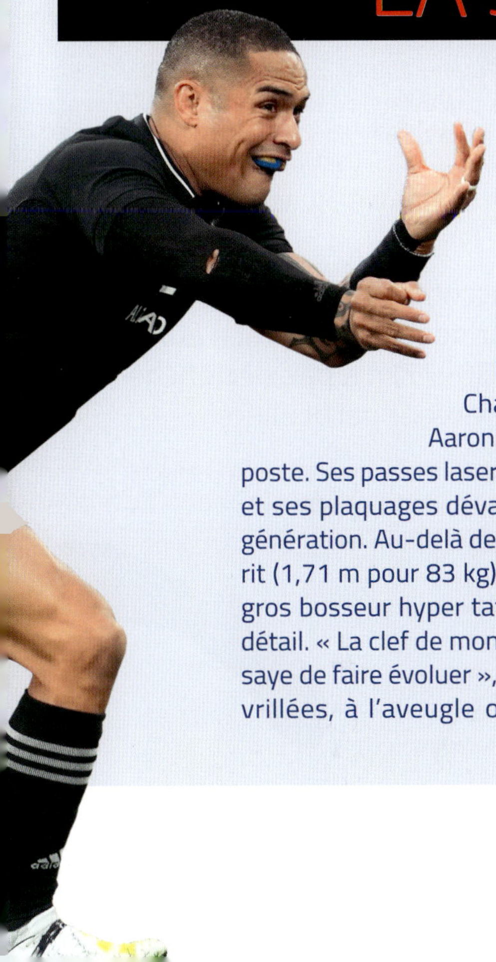

Le demi de mêlée légendaire des All Blacks s'apprête à vivre son jubilé en France. À 34 ans, « Nugget » – son surnom – va clore une décennie sous le maillot des Kiwis (115 capes). Champion du monde 2015, Aaron Smith a révolutionné son poste. Ses passes laser, son sens du jeu hors pair et ses plaquages dévastateurs ont inspiré une génération. Au-delà de son talent, ce petit gabarit (1,71 m pour 83 kg) maousse costaud est un gros bosseur hyper tatillon. Il ne néglige aucun détail. « La clef de mon jeu est la passe que j'essaye de faire évoluer », confie-t-il. Ses offrandes vrillées, à l'aveugle ou longue distance type foot US, font se lever les stades. Avec l'âge, il ose toujours plus. Certains auraient même tendance à le lui reprocher. Il s'en amuse. « Quand j'ai eu 30 ans, je me suis dit qu'il fallait que je profite vraiment des années qu'il me restait à jouer au rugby. » Il entend profiter en France, avant de s'envoler pour le Japon et de rejoindre les Toyota Verblitz, convaincu de faire le grand saut par son ancien sélectionneur Steve Hansen, alors que Smith n'avait jamais quitté son club de toujours, les Highlanders d'Otago. Avant cela, il a coché une date en particulier, le 8 septembre : il affrontera alors Antoine Dupont, qu'il a encensé à plusieurs reprises : « Il est irréel », avait-il écrit sur les réseaux sociaux. Le capitaine français lui avait simplement répondu : « Merci, boss », ajoutant « #King ». Tout est dit.

URUGUAY

LES TEROS VEULENT DÉCOLLER

L'ÉQUIPE NATIONALE PEINE À SUSCITER UN QUELCONQUE ENGOUEMENT DANS LE PAYS. POUR ESPÉRER FAIRE PARLER D'EUX, LES URUGUAYENS DOIVENT ACCOMPLIR UN EXPLOIT. PAS SIMPLE DANS LE GROUPE DE LA MORT.

Et de cinq ! L'Uruguay s'offre en France sa cinquième phase finale de Coupe du monde. Un exploit quasi anecdotique tant les supporters n'ont d'yeux que pour la Celeste, leur équipe de football double championne du monde (1930 et 1950). L'exploit accompli lors de la dernière Coupe du monde au Japon face aux Fidji (victoire 30-27) n'a pas déclenché de ferveur particulière. Le rugby reste un sport confidentiel et les bons résultats ou la régularité de l'équipe nationale ne parviennent pas à faire décoller la discipline.

DOUBLE OBJECTIF

Dans ce pays de 3,5 millions d'habitants, rugby rime surtout avec un sordide fait divers dont la littérature et le cinéma se sont régalés : le crash d'un avion, en octobre 1972, avec quarante passagers à son bord, tous membres de l'équipe du Old Christians Club Rugby de Montevideo. Seize joueurs survivent à l'accident et, pendant soixante-douze jours, dans les neiges glaciales des Andes, vont tenter de rester en vie jusqu'à opter pour la solution extrême : se nourrir des restes de leurs compagnons. Une affaire de cannibalisme qui, cinquante ans plus tard, reste associée à ce sport et poursuit toujours et encore les Teros.

Ils seront sur le pont à Avignon, où ils ont établi leur camp de base, avec un double objectif. En premier lieu, terminer devant la Namibie, championne d'Afrique 2021-2022, pour s'éviter des poules de qualifications à rallonge et le sort d'un match de barrage toujours compliqué, comme celui disputé face aux États-Unis (16-19, 34-15) pour décrocher leur billet pour la France.

L'exploit accompli lors de la dernière Coupe du monde au Japon face aux Fidji (victoire 30-27) n'a pas déclenché de ferveur particulière.

Les hommes d'Esteban Meneses ont déjà coché le 27 septembre, date à laquelle ils affronteront à Lyon les Namibiens pour un match capital. L'autre challenge ? Résister au mieux. Les Bleu et Noir, qui ne comptaient que vingt-deux joueurs professionnels à temps plein avant la Coupe du monde 2019,

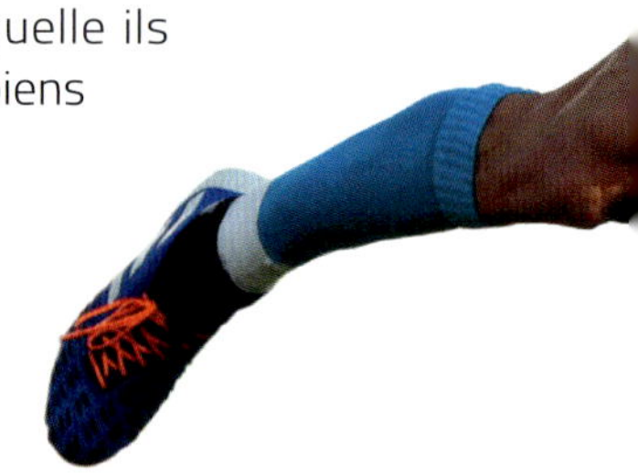

s'appuieront sur l'ossature de la nouvelle équipe professionnelle de Peñarol (quartier de Montevideo).

Les Teros peuvent nourrir quelques espoirs. Et pourquoi ne pas faire mieux que résister ?

Celle-ci a remporté la Súperliga Americana de Rugby 2022 et est inscrite en Súper Rugby Américas (SRA), nouveau Championnat qui a débuté en février 2023 et rassemble sept franchises (deux représentants argentins et des équipes du Brésil, du Paraguay, du Chili, des États-Unis et de l'Uruguay, donc). Une compétition en marge d'un Championnat amateur dépeuplé de ses meilleurs éléments.

UN EFFECTIF SOLIDE

On notera aussi la présence dans le groupe uruguayen de plusieurs joueurs évoluant en France, parmi lesquels le solide talonneur Germán Kessler, qui évolue à Aix-en-Provence, l'ouvreur de l'US Dax Felipe Berchesi, le demi de mêlée Santiago Arata, qui joue à Castres, et les deux trois-quarts centre pensionnaires de Vannes (Pro D2) Andrés Vilaseca et Nicolás Freitas. Un effectif solide, élargi et professionnel qui peut permettre aux Teros de nourrir quelques espoirs et d'éviter de fameuses raclées, comme celle qu'ils avaient reçue face aux Anglais en 2003 (13-111). Et pourquoi ne pas faire mieux que résister ?

LE SÉLECTIONNEUR

ESTEBAN MENESES, UN CAP À PASSER

Il est le plus uruguayen des Argentins : cet ancien ailier a pris les rênes des Teros fin 2015, succédant à Pablo Lemoine. Il décroche sans complexe la qualification pour le Mondial 2019 grâce à une double victoire face au Canada (38-29, 32-31), habitué des phases finales. Pour leur entrée en matière, ses joueurs créent la surprise en dominant les Fidji (30-27) ! La suite sera moins glorieuse, avec deux défaites contre l'Australie (10-45) et le pays de Galles (13-35), et un revers plus douloureux contre la Géorgie (7-33), synonyme de dernière place. Fort de quelques certitudes et pouvant s'appuyer sur un effectif complet et pro, Esteban Meneses aspire à passer un cap.

LA STAR FELIPE BERCHESI, BUTEUR EFFICACE

L'ouvreur de l'US Dax fait figure de taulier. Son expérience, acquise depuis 2011 avec les Teros, et sa maîtrise du jeu à un poste hautement stratégique le désignent logiquement. Triple champion d'Uruguay (2009, 2011 et 2012), il décide en 2013 de tenter sa chance à l'étranger. Après une saison en deuxième division italienne, il pose ses crampons en France, au SO Chambéry, pensionnaire de Fédérale 1. Il s'y révèle notamment grâce à un coup de pied efficace (224 points en 18 matchs). Il est aussi le grand artisan de la qualification de l'Uruguay à la Coupe du monde 2015 lors du barrage aller-retour face à la Russie (21-22, 36-27). La carrière de Felipe Berchesi est lancée et, à l'issue du Mondial, il signe son premier contrat pro à l'US Carcassonne, formation de Pro D2. En 2017, il rejoint le club mythique de l'US Dax, qui se morfond en troisième division. Il en devient un cadre, et en 2023, l'équipe se bat pour retrouver la Pro D2. En équipe nationale, son expérience reste précieuse. Entouré d'autres « Français », il compte sur le soutien d'un public qu'il connaît bien. Ce diplômé en architecture s'inscrit dans le projet de construction d'un rugby uruguayen en mutation. Ses coéquipiers comptent en tout cas sur lui comme lors de la glorieuse victoire face aux Fidji en 2019 (30-27), à l'occasion de laquelle Felipe Berchesi avait inscrit la moitié des points de son équipe.

NAMIBIE

GAGNER ENFIN !

LA NAMIBIE, QUI PARTICIPE À SA SEPTIÈME COUPE DU MONDE, A PERDU LES 22 MATCHS QU'ELLE A DISPUTÉS DANS LA COMPÉTITION. ELLE ASPIRE À FAIRE BONNE FIGURE ET AIMERAIT ENFIN REMPORTER UNE RENCONTRE.

Le 7 octobre 2015, au Sandy Park d'Exeter (Angleterre), les Namibiens ont touché leur rêve. Celui d'une première victoire en Coupe du monde. Face à une équipe géorgienne à leur portée, ils y ont cru. Surtout après leur première mi-temps de costauds qui les voyait regagner les vestiaires avec un avantage à l'ancienne (6-0). Et puis, au début de la seconde période, ils encaissent deux essais coup sur coup avant de se lancer dans une folle course-poursuite. Ils échouent finalement à un petit point (16-17). Voilà le principal fait d'armes d'une sélection née en 1990 avec l'indépendance du pays, placé depuis la Première Guerre mondiale sous mandat de l'Afrique du Sud.

UNE CONSTANCE IMPRESSIONNANTE

La Namibie étant soumise à la politique d'apartheid, le rugby y est resté un sport de blancs et une discipline universitaire comme chez son voisin. Si, aujourd'hui, le XV namibien est mixte, il tarde à voir émerger des joueurs issus des milieux défavorisés. Une autre raison à cela : le grand frère sud-africain veille au grain et continue à suivre les talents émergents. En 1997, Percy Montgomery, merveilleux arrière blond des Springboks né à Walvis Bay, en Namibie, avait ouvert une voie qui ne s'est jamais refermée. Dans ce petit pays (2,5 millions d'habitants), le rugby reste assez confidentiel, faute de Championnat qui se tienne et d'infrastructures suffisantes.

Les Welwitschias, le surnom du XV namibien en référence à une plante locale, s'appliquent, eux, à promouvoir leur sport et leur pays. Avec une constance impressionnante : ils disputent en France leur septième phase finale consécutive. Une aventure qui a commencé en 1999, à Béziers, au stade de la Méditerranée, face aux Fidji (18-67).

En 1997, Percy Montgomery, merveilleux arrière des Springboks né en Namibie, avait ouvert une voie qui ne s'est jamais refermée.

De ces sept éditions, on retiendra la plus large défaite de l'histoire de la compétition, reçue en Australie face aux Wallabies (0-142) en 2003 ; deux défaites contre la France (13-47, en 1999, et 10-87, en 2007) ; et un 0-87 contre les cousins sud-africains en 2011.

Sans oublier que les Namibiens tombent systématiquement dans le groupe de la Nouvelle-Zélande depuis 2015...

En 2015, face aux All Blacks (14-54), justement, la Namibie a vécu sans doute son plus grand souvenir en inscrivant un essai accueilli par le public anglais comme une victoire. « Parce que nous étions les outsiders, le public était derrière nous et, quand j'ai marqué, ils sont devenus fous », raconte le capitaine Johan Deysel, auteur du miracle.

UNE PREMIÈRE LIGNE ROBUSTE

« C'est mon meilleur souvenir de rugby », ajoute l'actuel trois-quarts de Colomiers, qui sera bien présent en France, tout comme deux autres « Français » : le deuxième-ligne de Montauban Tjiuee Uanivi et le talonneur de Bayonne Torsten van Jaarsveld.

On retiendra la plus large défaite de l'histoire de la compétition, reçue en Australie face aux Wallabies (0-142) en 2003.

Pour le reste, l'équipe d'Allister Coetzee s'appuiera sur une première ligne robuste et un effectif issu majoritairement de la franchise Namibia Welwitschias, basée dans la capitale, Windhoek. Un socle sur lequel construire enfin un succès ?

LE SÉLECTIONNEUR

ALLISTER COETZEE, LE RÉVOLUTIONNAIRE ?

Le Sud-Africain, ancien sélectionneur des Springboks (2016-2018), officie depuis deux ans à la tête du XV namibien. Une recrue de taille pour les Welwitschias. Allister Coetzee entend s'appuyer sur les atouts, notamment physiques, de son équipe (plus de cent kilos de poids moyen). La « petite sœur de l'Afrique du Sud », dixit Fabien Galthié, pourra compter sur une défense solide, mais elle ne rechignera pas à attaquer. C'est sans doute là la touche de Coetzee, ancien demi de mêlée qui fut responsable des lignes arrière des Springboks au côté de Jake White entre 2004 et 2007 et qui aime faire jouer ses équipes. Un petit plus ou une vraie révolution ?

LA STAR TORSTEN VAN JAARSVELD, TALONNEUR MODERNE

Un prénom de guerrier viking pour un physique de gladiateur (1,75 m pour 106 kg). À 36 ans, le natif de la capitale Windhoek a pourtant tout du talonneur moderne, notamment une pointe de vitesse à faire pâlir de nombreux trois-quarts. Ce gaillard en partie façonné dans la province sud-africaine des Cheetahs est joueur. Les supporters bayonnais peuvent en témoigner. Depuis 2018, Torsten van Jaarsveld a pris l'habitude d'enflammer le public basque et, au cours de la saison 2021-2022, il a inscrit pas moins de douze essais pour les Bleu et Blanc, se plaçant sur le podium des meilleurs marqueurs. Recruté par l'ex-talonneur international tricolore Yannick Bru, il a largement participé à la (re)montée de l'Aviron Bayonnais en Top 14, où, remplaçant de luxe, il continue à jouer les jokers. Comme à Bordeaux, en janvier 2023 : entré à la 47e minute, il inscrit un doublé. Son sens du combat, allié à un dynamisme de jeune homme, lui vaut d'être la coqueluche du stade Jean-Dauger. En sélection, mêmes esprit offensif et tempérament de feu depuis sa première sélection, en 2014, face à l'Allemagne. En France, sa deuxième patrie, il disputera sa troisième Coupe du monde et formera notamment avec son comparse Johannes Coetzee (35 ans) l'une des premières lignes les plus expérimentées de la compétition. Et, face aux Bleus, le Basque d'adoption aura sûrement envie de briller.

ITALIE

PRENDRE UN QUART

L'ITALIE A TERMINÉ AUX PORTES DES QUARTS DE FINALE LORS DES TROIS DERNIÈRES ÉDITIONS. DANS UN GROUPE RELEVÉ, LA SQUADRA ET SA NOUVELLE GÉNÉRATION RÊVENT DE CRÉER LA SURPRISE ET DE PASSER UN CAP.

Les Italiens veulent en finir avec cette image d'équipe en voie de développement. Des années maintenant qu'ils entendent que le rugby italien a un avenir. Justement, cet avenir a pris le pouvoir, à l'image de sa pépite d'arrière Ange Capuozzo, 24 ans, ou du demi de mêlée d'origine galloise Stephen Varney, 22 ans, joueur de Gloucester en Angleterre. Lors des trois dernières éditions, les Azzurri ont terminé à la troisième place de leur poule, la pire, aux portes des quarts de finale. Peut-être par complexe face aux grandes nations ?

> Lors du Tournoi des Six Nations 2023, les Italiens ont offert une résistance constante et ont su démontrer de belles qualités.

Pourtant, ces deux dernières années, ils ont su s'affranchir du rôle en renversant les Gallois au Millennium lors du Tournoi 2022 (21-22) ou, plus récemment encore, en dominant les Australiens, à Florence, en novembre 2022 (28-27).

UN JEU PLEIN DE PROMESSES

Lors du Tournoi des Six Nations 2023, qu'ils ont fini bredouilles avec cinq défaites, ils ont offert une résistance constante et ont su démontrer de belles qualités, à l'image de la courte défaite à domicile face à la France (24-29), de celle en Écosse (26-14) ou de celle qui a été concédée face aux vainqueurs irlandais (20-34). Au-delà des résultats, l'Italie propose un jeu plein de promesses. Sous la houlette de leur sélectionneur néo-zélandais Kieran Crowley, les coéquipiers de l'ouvreur des Harlequins, Tommaso Allan, affichent de belles ambitions de jeu. Portés sur l'offensive, ils imposent au fur et à mesure leur *italian touch*, inscrivant des essais à chacune de leurs productions.
La jeune génération apporte sa fougue et entraîne avec elle de vieux briscards, comme le trois-quarts centre Luca Morisi, 32 ans, qui s'offre une seconde jeunesse.

> Portés sur l'offensive, les Azzurri imposent au fur et à mesure leur *italian touch*, inscrivant des essais à chacune de leurs productions.

« Nous devons séduire de plus en plus de supporters et de fans », répète à l'envi Kieran Crowley. « On se doit d'essayer d'être un peu plus innovants, poursuit-il, et de rendre le rugby un peu plus attrayant pour les spectateurs. »

À l'heure où, effectivement, la tactique peut primer, cette ambition italienne se ressent sur le terrain. La Squadra peut aussi compter sur un effectif de plus en plus solide. Les progrès accomplis par les franchises italiennes, en Coupe d'Europe notamment, attestent aussi d'un professionnalisme de plus en plus ambitieux.

COMME LES PUMAS 2007 ?

Kieran Crowley, ancien coach du Benetton Trévise, s'appuie d'ailleurs sur des joueurs qu'il connaît bien : dans le quinze de départ face à la France lors du dernier Tournoi, neuf joueurs évoluaient à Trévise. Signe des temps, les joueurs transalpins s'exportent aussi de plus en plus, peuplant les Championnats anglais et français. Une période de transition qui n'est pas sans rappeler celle qu'ont vécue les Pumas argentins, avec la réussite que l'on connaît. Des Argentins qui, en 2007, avaient surpris la France au Stade de France lors du premier tour. Un scénario qui ne déplairait pas aux Italiens et qui leur permettrait de prendre enfin leur envol.

LE SÉLECTIONNEUR

KIERAN CROWLEY, HOMME DU LONG TERME

L'ancien arrière des All Blacks (19 sélections), qui a remporté le premier titre mondial, fait confiance aux jeunes. « De bons jeunes joueurs arrivent », prévient l'ex-coach du Benetton Trévise (2016-2021). L'homme aime s'investir sur le long terme, comme il l'a fait avec le Canada (2008-2015), disputant deux Coupes du monde avec les Canucks. Mais, avec l'Italie, pays dont il est « tombé totalement amoureux », il veut proposer autre chose. « Le rugby est un business de divertissement, nous avons la responsabilité de produire sur le terrain quelque chose qui soit agréable à regarder. » Tout un programme à mettre en pratique, notamment face à la Nouvelle-Zélande, l'autre patrie de son cœur.

LA STAR ANGE CAPUOZZO, LA NOUVELLE IDOLE

Jamais joueur n'a aussi bien porté son prénom. Une gueule d'ange sur un corps fluet, loin des standards du rugby actuel. Mais le natif de l'Isère n'a pas besoin de gonfler les muscles pour faire tomber les défenses adverses. Sa pointe de vitesse supersonique, doublée d'un sens du jeu hors de commun, lui permet de briser les lignes adverses comme par magie. On a découvert le culot de ce gamin lors du Tournoi 2022. Kieran Crowley le lance à la mi-temps du match contre l'Écosse. Résultat : deux essais foudroyants en trois minutes. Le rugby italien tient sa nouvelle idole. Vu de France, ce n'est pas une surprise : l'arrière de Grenoble rend déjà dingues les défenses de Pro D2. Meilleur marqueur (10 essais) en 2021, il est élu dans l'équipe type de la saison en 2022. Dans la foulée, il s'engage à Toulouse. Au-delà de ses qualités de vitesse et de son sens tactique, cet ancien demi de mêlée surprend par sa maturité et son esprit sur le terrain et hors du terrain. De quoi séduire tout son monde, même ses adversaires. Titularisé face au pays de Galles pour le dernier match du Tournoi 2022, il est l'auteur d'une percée phénoménale de plus de soixante mètres, à l'issue de laquelle il offre l'essai à Edoardo Padovani et la première victoire de l'Italie en terre galloise (21-22). À la fin du match, le Gallois Josh Adams, désigné homme du match, s'avance vers Ange pour lui remettre sa médaille. Le joueur italien, touché, la refuse poliment. Du jamais vu...

LES ADVERSAIRES POTENTIELS DU XV DE FRANCE EN PHASE FINALE

L'AFRIQUE DU SUD EST UN DES ADVERSAIRES ÉVENTUELS DU XV DE FRANCE EN QUART DE FINALE.

QUELS POURRAIENT ÊTRE LES ADVERSAIRES DES BLEUS EN QUART DE FINALE ? QUEL QUE SOIT LE CLASSEMENT DU XV DE FRANCE ET QUELLE QUE SOIT L'ÉQUIPE ADVERSE, LA TÂCHE S'ANNONCE ARDUE.

En héritant de la Nouvelle-Zélande dès la phase de poules, l'équipe de France s'est au moins offert une garantie : ne pas tomber sur les All Blacks en match à élimination directe avant la finale si elle parvient toutefois à s'extraire de la poule A, a priori à sa portée.
Au petit jeu des simulations, et si on se projette à partir du samedi 14 octobre, date du début des quarts de finale, quels pourraient être les adversaires des Bleus ?

S'ILS FINISSENT PREMIERS DE LEUR POULE : si les Tricolores viraient en tête et devançaient la Nouvelle-Zélande, ils joueraient le dimanche 15 octobre à 21 heures au Stade de France contre le deuxième de la poule B. Un groupe qui réunit l'Afrique du Sud, championne du monde en titre ; l'Irlande, victorieuse du dernier Tournoi des Six Nations et auteure du Grand Chelem ; l'Écosse, au jeu ultra spectaculaire et en pleine bourre ces dernières années ; les Tonga, qui avaient battu les Bleus lors de la Coupe du monde 2011 en poule (14-19) ; et la Roumanie, la formation la moins forte sur le papier.
S'ILS FINISSENT DEUXIÈMES DE LEUR POULE : au cas où ils ne termineraient pas leaders du groupe, les Bleus joueraient là encore au Stade de France, le samedi 14 octobre, contre le premier de cette poule B. Les Tricolores, qui auront joué leur dernier match de poule le 6 octobre contre l'Italie, auraient un jour de récupération en moins. Mais huit ou neuf jours, est-ce vraiment une grosse différence ?

En réalité, la seule vraie incidence de ce classement interviendrait sur l'adversaire en demi-finale. En effet, une première place et un succès en quart pourraient offrir l'Angleterre ou le pays de Galles pour le dernier carré. Deux nations dominées par les Bleus lors du Tournoi des Six Nations 2023. La deuxième place pourrait mener les Bleus en demi-finale contre l'Australie ou l'Argentine, deux équipes plus compliquées sur le papier.
Avant cela, il faudra disputer un quart de finale. En continuant à jouer au jeu des projections, bien aléatoires, il est possible d'imaginer que l'Afrique du Sud et l'Irlande sortent de leur groupe, au regard de leur classement mondial (respectivement 4e et 1re) et de leurs derniers résultats. Dans les deux cas, l'adversité s'annonce colossale et le soutien du Stade de France ne sera pas un luxe. Mais une surprise n'est pas à exclure.

L'AFRIQUE DU SUD

Conserver sa couronne de champion du monde est un exercice périlleux que seule la Nouvelle-Zélande a su mener à bien. Qui plus est, depuis sa victoire dans le Rugby Championship 2019 suivie de son sacre mondial, l'Afrique du Sud semble avoir perdu de sa superbe. Méfiance toutefois : si elle s'est inclinée (30-26) contre le XV de France lors de sa dernière tournée d'automne, elle a largement battu l'Italie (21-63) et a dominé les Anglais (13-27). Armés de joueurs expérimentés, emmenés par leur capitaine Siya Kolisi et l'ailier feu follet Cheslin Kolbe, les Springboks de Jacques Nienaber auront à cœur de défendre leur titre et seront assurément un éventuel adversaire de taille en quart de finale pour les Bleus.

L'IRLANDE

Vainqueurs du Grand Chelem lors du Tournoi 2023, les Irlandais sont en tête du classement mondial. Tout sauf un hasard. Le XV du Trèfle affiche une régularité impressionnante : il n'a perdu que deux matchs depuis juillet 2021, en France dans le Tournoi 2022 (30-24) et en Nouvelle-Zélande (42-19) lors d'un test-match en juillet 2022. Sur la même période, les hommes d'Andy Farrell ont remporté pas moins de 16 rencontres. Si les Irlandais n'ont jamais dépassé le stade des quarts de finale en Coupe du monde – et ont chuté deux fois contre la France à ce stade de la compétition (36-12 en 1995 et 43-21 en 2003) –, c'est pour eux et leur ouvreur Jonathan Sexton – dont c'est probablement la dernière Coupe du monde – l'année ou jamais...

L'ÉCOSSE

Si une équipe peut créer la surprise dans la poule B, c'est bien l'Écosse. Le XV du Chardon, 5e au classement mondial, est la petite bête qui monte. Sous les ordres de Gregor Townsend, les Écossais ont réalisé un bon Tournoi 2023, battant l'Angleterre (23-29), le pays de Galles (35-7) et l'Italie (26-14). L'Écosse pourra compter sur des joueurs de tempérament, comme le meilleur marqueur d'essais de l'histoire de la sélection, Stuart Hogg, ou encore Finn Russell et Blair Kinghorn, auteurs de 4 essais chacun lors du Tournoi 2023.

LES TONGA

La tâche s'annonce compliquée pour les Tongiens. S'ils ont frôlé l'exploit en 2011 en manquant de se qualifier pour les quarts de finale malgré leur victoire contre le XV de France (14-19), ils sont depuis rentrés dans le rang. Malgré la présence de l'Agenais Sonatane Takulua, joueur le plus capé de l'histoire de la sélection, le XV tongien a dû passer par les barrages pour se qualifier et ne part pas favori de sa poule.

LA ROUMANIE

Participer à la Coupe du monde est déjà un exploit pour l'équipe de Roumanie. En terminant 2es de la zone Europe derrière la Géorgie, les Roumains du sélectionneur Andy Robinson ont décroché leur billet pour la compétition. Il s'agira de faire honneur au maillot. Face aux cadors de la poule B, la Roumanie devra livrer une rude bataille.

L'IRLANDE, QUI A RÉALISÉ LE GRAND CHELEM DANS LE TOURNOI 2023, POURRAIT AUSSI AFFRONTER LES BLEUS EN QUART DE FINALE.

WORLD CUP

YOANN HUGET :

« LA GRANDE FORCE DE CE GROUPE REPOSE SUR LE COLLECTIF »

Yoann Huget – deux Coupes du monde (2015 et 2019) au compteur, 62 sélections (de 2010 à 2019) – connaît parfaitement cette équipe de France et ses individualités. L'ancien ailier du Stade Toulousain pose un regard forcément différent sur le XV de France et revient sur les chances des Bleus et sur cette Coupe du monde qu'il aurait bien aimé disputer.

Vous avez partagé le quotidien de la plupart des joueurs. Comment les imaginez-vous aborder cette Coupe du monde ?

>> Pour les avoir côtoyés de près, ce sont des garçons qui sont en quête de challenges, de résultats, et ils seront prêts pour cet événement. Ils ont un défi à relever tous ensemble et on peut compter sur le staff pour les mettre dans les meilleures conditions possibles pour y parvenir.

L'équipe de France est très attendue. Comment relever un tel défi et gérer la pression ?

>> Franchement, c'est une source de motivation de jouer une Coupe du monde chez soi. Ils ont une chance exceptionnelle de pouvoir vivre cela. Ils savent gérer la pression et vont parfaitement l'absorber pour s'en servir comme d'un levier. Soutenus par tout un peuple, ils auront à cœur d'accomplir le plus beau parcours possible. Mais le rugby se joue à un rien. La première mission va être de bien démarrer face à la Nouvelle-Zélande.

Justement, comment préparer cette affiche digne d'une finale face à la Nouvelle-Zélande ?

>> Il n'existe pas de recette pour s'attaquer aux All Blacks, en match de poule comme en finale. Une chose est sûre : les joueurs français vont pouvoir s'évaluer d'entrée, mais il ne faudra pas donner trop de sens et d'importance au résultat, qu'il s'agisse d'une victoire ou d'une défaite. Ce match peut simplement leur permettre d'avoir une base de travail pour la suite de la compétition. Il doit leur servir de rampe de lancement, et ce quelle que soit son issue. En 2019, l'Afrique du Sud a perdu contre la Nouvelle-Zélande en match d'ouverture, et ça ne l'a pas empêchée d'être championne du monde.

Ce sont des garçons qui sont en quête de challenges, de résultats, et ils seront prêts pour cet événement. Ils ont un défi à relever tous ensemble.

Pourquoi le XV de France a-t-il ses chances pour gagner cette Coupe du monde ?

>> Aujourd'hui, en matière de régularité, de force collective, d'état d'esprit, le XV de France possède tous les arguments pour s'imposer. Mais si c'était aussi simple, ça se saurait… En 2019, quand nous avions été éliminés par le pays de Galles en quart de finale après avoir mené de dix points, nous avions le potentiel, mais pas encore cette connaissance des uns et des autres. Le XV tricolore a désormais un vécu de quatre ans, c'est un club France, plus qu'une équipe. Les joueurs ont confiance en leur jeu, en leur staff, et tous ces éléments réunis font qu'on espère qu'ils iront au bout.

Quels sont les atouts de cette équipe ?

>> Bien sûr, il y a des individualités, comme Antoine Dupont, Romain Ntamack, Cyril Baille, Julien Marchand, Damian Penaud ou Thomas Ramos, mais c'est le collectif qui leur permet d'émerger. La grande force de ce groupe repose là-dessus, et n'importe quel joueur qui l'intègre est rapidement capable d'être performant. Cette équipe a pu enchaîner les bons résultats grâce avant tout à cette force collective.

Le XV tricolore a désormais un vécu de quatre ans, c'est un club France, plus qu'une équipe. Les joueurs ont confiance en leur jeu, en leur staff.

À l'inverse, quels défauts ou quelles faiblesses lui voyez-vous ?

>> Peut-être d'être parfois un peu trop sûre de ses qualités et de se voir éventuellement trop vite arrivée. Les Bleus, qui ont pris l'habitude de très bien démarrer leurs matchs et de mener au score, ont quelquefois, inconsciemment sans doute, relâché un peu la pression vers la 60e minute, pouvant se mettre en danger. Ils réussissent toutefois à s'en sortir en remettant un coup de béret pour reprendre le score et s'imposer. Mais pour cette Coupe du monde, je doute qu'ils ne soient pas concentrés jusqu'au bout.

Quels sont les pièges à éviter pendant cette Coupe du monde ?

>> Les sollicitations extérieures, qui risquent d'être très nombreuses. Il va vraiment falloir que les joueurs restent dans leur bulle, n'écoutent pas ce qui se passe, se dit ou s'écrit à l'extérieur. Il faut qu'ils arrivent à trouver le juste milieu en intégrant les entraînements, le temps de récupération, la charge mentale… Il faut rester focus sur l'objectif. Ils sont bien protégés, et le staff autour sera là pour gérer ces sollicitations extérieures.

Que pensez-vous de cette poule A de l'équipe de France ?

>> C'est un groupe relevé et assez homogène. À part la Nouvelle-Zélande, le principal adversaire sera l'Italie. Cette équipe est difficile à appréhender, elle est capable de surprendre, mais elle n'a pas de profondeur de banc, et, sur une compétition aussi longue, c'est un désavantage car il peut y avoir de la casse. On les affronte le 6 octobre, en dernier match, ça peut compter. Concernant l'Uruguay et la Namibie, ce sont deux équipes à notre portée.

C'est le collectif qui permet aux individualités d'émerger. La grande force de ce groupe repose là-dessus, et n'importe quel joueur qui l'intègre est rapidement capable d'être performant.

Quels sont, selon vous, les favoris de la compétition ?

>> Si l'on se fie au classement de ces dernières années, on devrait dire l'Irlande, qui a réalisé le Grand Chelem lors du Tournoi des Six Nations 2023. Pourtant, bizarrement, on a du mal à la voir au bout. Il y a quatre ans déjà, beaucoup voulaient parier sur elle, mais, paradoxalement, elle s'était fait surprendre en poule par le Japon (19-12) avant de s'effondrer en quarts de finale face à la Nouvelle-Zélande (46-14). Les Irlandais ont des difficultés dans cette compétition : ils n'ont jamais dépassé le stade des quarts de

finale. À l'inverse, on pourra compter sur l'Afrique du Sud, l'Australie et la Nouvelle-Zélande, mais aussi sur quelques challengers, comme l'Angleterre, qui a une revanche à prendre après son Tournoi raté et qu'il ne faut pas trop vite enterrer. L'Écosse aussi : le XV du Chardon propose un très beau rugby.

Si l'on ne croit pas en la victoire avec cette équipe qui a réalisé le Grand Chelem en 2022, a fini deuxième en 2023 et a battu toutes les grandes nations, autant arrêter de regarder le rugby.

La Coupe du monde s'étale sur sept semaines. Comment gérer une telle compétition sur la longueur ?

>> La notion de groupe est capitale aussi pour cela. Tout le monde doit être concerné par la compétition, même ceux qui ne jouent pas – ou peu – au début. Il n'est pas simple d'accepter de ne pas jouer, et il est peut-être compliqué de prendre sur soi pour s'inscrire dans le collectif. Un joueur qui n'a pas joué pendant trois semaines peut disputer une demi-finale ou une finale, comme nous l'avons déjà vu dans le passé. La clé est là, et l'une des tâches essentielles du staff concerne cette gestion humaine, plus que les résultats. Je crois que c'est le cas avec ce collectif modelé par Fabien Galthié et son équipe. Dans ce groupe, chacun a un rôle à jouer, le connaît parfaitement et se fond dans le collectif.

L'objectif de la victoire finale est annoncé depuis quatre ans. Est-ce difficile à assumer ?

>> Je trouve primordial de se fixer un objectif. Le staff a construit un groupe en sachant très bien à qui il a affaire. Beaucoup de joueurs composant le XV de France ont été champions du monde des moins de 20 ans. Depuis quatre ans, ce groupe vit une aventure collective et s'est forgé une expérience commune.

Vous pensez que les Bleus vont gagner la Coupe du monde ?

>> Ils vont tout faire pour. Après, un plaquage au cou, un déblayage loupé, un carton jaune, une expulsion, et le match vous échappe… Je redoute ces faits de jeu, ces possibles interprétations du règlement qui peuvent bouleverser le cours d'un match. L'équipe de France est plus que jamais favorite. Si l'on ne croit pas en la victoire avec cette équipe qui a réalisé le Grand Chelem en 2022, a fini deuxième en 2023 et a battu toutes les grandes nations, autant arrêter de regarder le rugby. J'y crois, bien entendu. Je les connais, je sais de quoi ils sont capables.

14
15
ALTRAD
Orange
9
13
TikTok

ALTRAD
Orange
10
Orange
GMF
23
ALTRAD
15
SOCIETE GENERALE
8
SOCIETE GENERALE
7
GMF
SOCIETE GENERALE
ALTRAD
GMF
SOCIETE GENERALE
4

Crédits photos : © Isabelle Picarel / France Rugby, © Julien Poupart / France Rugby,
© IconSport, © Presse Sports

34-36, rue La Pérouse
75116 Paris
www.hugopublishing.fr
Collection dirigée par Bertrand Pirel
Ouvrage dirigé par Clément Ronin
Graphisme de couverture et mise en page : Emmanuel Pinchon

ISBN : 9782755665826
Dépôt légal : juillet 2023
Imprimé en France par PPO Graphic